International Political Economy
of Poverty Reduction

佐藤元彦 編

貧困緩和・解消の国際政治経済学

築地書館

編者まえがき

　周知のとおり、国連は2000年のミレニアム総会においてミレニアム開発目標（MDGs）を採択し、そのなかで貧困の削減に大きな比重を置いている。すなわち、1日1ドル未満で暮らす人びとの比率を2015年までに1990年時点の29％の半分（14.5％）にまで減らすということのほか、貧困にかかわる教育、医療、ジェンダー等の面での好ましくない状況を改善するということが、世界的な目標として掲げられているのである。だが、こうした貧困削減、あるいは貧困根絶は、国連創設以来の最重要課題のひとつでありつづけてきた。そして、そのために膨大な資金と人間のエネルギーとがこれまでにも費やされてきた。それにもかかわらず、なぜ、改めて貧困の緩和・解消が世界的な課題として設定されなければならないのか。言いかえれば、なぜ世界的にみて貧困削減が進まないできたのか。これが、本書を貫く問題意識である。

　誤解をおそれずに言い切ってしまえば、貧困問題が常に政争に取りこまれてきたことが、その解決を延ばし、あるいは問題をかえって悪化させるという結果を招いてきたのではないか。近代後半以降について回顧してみれば、19世紀から20世紀前半にかけては、社会主義革命路線vs.社会改革・福祉国家路線というイデオロギー対立の構図のなかに貧困問題が埋没してしまっていたと言えよう。いずれの路線も貧困問題解決に焦点をあてていたが、軍事費・国内福祉関係費の増大の背後で、旧植民地・発展途上世界を中心に貧困が事実上放置されていたと言える。先進世界で、対内的には一定の貧困問題解決がはかられたとみることができるが、しかし、対外的には一部で20世紀後半にかけて「開発」につながる努力が見受けられたものの、その波及は限定的であったと言える。とくに冷戦という文脈のなかでは、冷戦最前線の諸国・地域に向けられた「開発」支援とそうではない諸国・地域への支援との間には、大きな懸隔があった。また、放置された貧困は、しばしば外部勢力やその「傀儡」によって利用され、そのことの繰り返しが冷戦の構造化につながっていったと言えよう。一方、「開発」に一定の成果

が見られた諸国・地域でも、「開発」から貧困緩和・解消への道のりは平坦ではなかった。それ自体が決して自動的なプロセスではなかった点に加え、貧困者比率や平等・不平等度を示すジニ係数などの改善に直接的には反映されないような人的犠牲が小さくなかった点を考慮に入れる必要があろう。

　冷戦に終止符を打つことが宣言されて以降も、世界の貧困をめぐる状況には基本的には変化がなかったと言える。すなわち、貧困は、紛争・戦争の争点として政治的に利用されつづけており、それ自体の解決に向けた努力が世界的に結集される状況には程遠い現実がある。オーバーキル・レベルの核兵器・通常兵器体系が維持・強化される一方、貧困が紛争・戦争の原因として提起され、それを根拠にした軍備の増強や展開が続けられている。だが、貧困を戦争・紛争の原因であるとしているのは、外部の当事者以外であるケースが少なくない。貧困が反体制、反覇権、あるいは反グローバリズムを合理化するために用いられている一方、そうした動きに対抗するために貧困の緩和・解消が必要だとしている今日的状況のなかで、当事者の観点に立って貧困を緩和・解消しようという動きが本格化するのであろうか、大いに懸念されるところである。

　以上のように振り返ってみれば、貧困、あるいはその緩和・解消、根絶が経済の問題としてのみ把握できないことは明白である。少なくとも政治経済の問題としてとらえる見方が必要であり、そうしたアプローチによって政治争点化された貧困イッシューを脱構築する営為が求められていると言えよう。本書は、このような問題意識のもとに編まれている。

　まず、第1章では、「国連化」と「非国連化」という著者独自の表現が用いられながら、国連システムにおいて経済・貧困問題の非国連化が進められてきた経過が実証的に裏づけられている。国連システムが貧困問題解決の世界的な主導権を握ってきたとの一般的な見方とは反対に、国連システムをめぐる政治力学を背景にむしろその非国連化が進められ、結果的に貧困問題の政治争点化が進んでいるとの見方は、貧困イッシューの脱構築の第一歩として重要である。

　これを受けて第2章では、参加、市民社会、ソーシャル・キャピタル等、貧困削減に関連して近年世界銀行を中心とする国際開発機関によって提起されている

概念内容が綿密に検証されている。その結果として著者が提起しているのは、それらが貧困当事者とのかかわりの重要性をふまえつつも、やはりネオ・リベラルなイデオロギーを構成するものとなっており、そうした概念にもとづいて貧困削減を試みたとしてもその結果は期待できないという点である。1990年代に入って以降の国際開発機関を支える考え方は、1980年代のいわゆる構造主義とは別物であるとの論調が多いなかで、著者はむしろ「変化のなかの連続性」を強調している。

第3章では、世界銀行が中心になって推進しているPPA（参加型貧困アセスメント）とPRSP（貧困削減戦略文書）とが貧困削減につながりうるのかどうかが、実際の適用例の検討を通じて考察されている。「援助される貧困者の有能感」が育まれる可能性が示唆される一方で、政策化の次元にまでどのように下ろしてくるのかがポイントになるとの著者の指摘は、PPAやPRSPがともすれば机上論として政治的に利用されるだけにとどまる可能性を示唆していると了解できる。第2章とともに、近年の貧困緩和・解消論の「本格性」を問う内容となっている。

これらの3つの章に対して、残りの2つの章では、マイクロファイナンスに焦点があてられている。すなわち、第4章では、国連の（第一次）「貧困根絶の十年」の概要とそのなかでのマイクロファイナンスの位置づけが紹介された後、マイクロファイナンスに偏向した貧困根絶方策のあり方に対して、先行の学術的調査結果をふまえた問題提起が投げかけられている。国連システムにおけるマイクロファイナンス偏重という政治性を問う内容となっている。

他方、第5章では、マイクロファイナンスが貧困削減にとって有効なのかどうかが文献サーベイを基礎に理論的に検討されている。貧困削減に向けてのマイクロファイナンス活用のシナリオは、決して個人的個別的ではなく、諸市場への参加を通じた地域や社会の経済の発展というマクロ的文脈のなかで初めて描き出せるものであることが示唆されている。そうだとすれば、ここでも、マイクロファイナンスに特化しすぎた貧困削減策は、脱構築される必要があるということであろう。

以上が各章から編者が読みとった本書のテーマへのメッセージであるが、全体

として、貧困イッシューの脱構築は緒についたばかりと言える。今後は、それぞれの著者においてさらにこの作業が深められていくことを期待したい。

　最後になるが、本書は、愛知大学研究助成による共同研究B-20の研究成果をとりまとめたものである。本書のタイトルには、共同研究のテーマがそのまま使用されている。

編者

目　次

編者まえがき　　iii

第1章　国連化と非国連化の相克
　　――経済問題を中心にみた国際機関の政治性　………………河辺　一郎　　1

　はじめに――**国際機関をめぐる議論の混乱**　1
　1. 思想としての国際機関　3
　2. 国連化と非国連化　6
　3. 非国連化の対象の変化――東から南へ　13
　4. 革命としての国連化　19
　5. 反革命としてのレーガン政権　24
　6. 国連化と非国連化の新たなせめぎあい　32
　おわりに　38

第2章　世界銀行の開発ディスコースとネオ・リベラル型統治性
　　――批判的考察　………………………………………原田太津男　　41

　はじめに　41
　1. 問題設定としての開発ディスコース　44
　　(1) 開発ディスコースとは何か　44
　　(2) 世銀の開発ディスコースとその分析視角　47
　2. 主流派開発ディスコースの特徴　55
　　(1) 市場・情報・制度――新制度派的経済認識　55
　　(2) ソーシャル・キャピタルと市民社会
　　　　――コミュニタリアン＝ネオ・トクヴィリアン的社会認識　60
　　(3) 参加と民主主義――ネオ・リベラルの統治論　66
　3. 新たな統治体制の出現――ネオ・リベラルの奸計？　72
　　(1) フーコーの権力論・統治性論　72
　　(2) リベラリズムとネオ・リベラリズム　74
　　(3) 主体の自由・自律と「距離による統治」　75
　おわりに　77

第3章 貧困削減戦略における新視点——PPAとPRSP ········武田 圭太 93

1. 微視水準と巨視水準との連結　93
2. 貧困削減への参加　95
3. 貧困状態の測定診断　97
   (1) 参加型貧困アセスメントの要素　97
   (2) 測定診断の反復　100
   (3) 貧困削減政策への発展　101
4. 貧困削減の戦略　104
   (1) 参加の概念　104
   (2) 利害関係者の相互関係　108
   (3) 成果の評価　109
5. 有能感による自己統制　114

第4章 国連「貧困根絶のための十年」と脱貧困方策 ··········佐藤 元彦 121

はじめに　121
1. 国連「貧困根絶の十年」と貧困緩和・解消のための手段　122
2. 脱貧困・貧困化のダイナミズムとマイクロファイナンス　126
3. 最貧困層を対象とする脱貧困プログラム　134

おわりに　143

第5章 貧困削減とマイクロクレジット ·······························中村 まり 147

はじめに　147
1. 貧困層を取り巻く信用市場　148
   (1) 農村金融をめぐる議論　149
   (2) 農村への金融支援政策をめぐる議論　150
   (3) 経済学的理論化の試み　151
   (4) 開発のパラダイム変遷からみたマイクロクレジットの考え方　152
2. マイクロファイナンスを通じた市場への参加のメカニズム　155
   (1) 金融市場への参加　155
   (2) 生産物市場への参加　155
   (3) 労働市場への参加　158
   (4) 市場参加度を決める内生的要因　160
3. MFの2つの方向——金融制度アプローチと統合的アプローチ　161

編者あとがき　169

第1章
国連化と非国連化の相克
経済問題を中心にみた国際機関の政治性

河辺一郎

はじめに──国際機関をめぐる議論の混乱

　1980年代の開発途上国の債務危機を受けて、世界銀行が"World Development Report 1990"において貧困を特集するなど、1990年代には改めて貧困が国際機関の課題として提起された。また1995年には暫定的な機関だった関税及び貿易に関する一般協定（GATT）が発展的に改組され世界貿易機関（WTO）が発足するなど、経済問題をめぐる国際機関のあり方が大きく変化したのも1990年代だった。この一方で、とくに非政府組織（NGO）や開発途上国において先進国主導で運営されているこれらの国際機関に対する批判が強まっている。1999年11月から12月にかけてWTOの第3回閣僚会議がシアトルで開催されたさいには、反対運動と警官隊が衝突し、非常事態宣言や夜間外出禁止令も出された。また2003年9月に開催された第5回閣僚会議では交渉が決裂したが、このさいには「今回は、米欧合意に代わって南北対立が交渉の軸となった」（2003年9月16日朝日新聞夕刊）などの論説がなされた。先進国が強い影響力をもつWTOや世界銀行、国際通貨基金（IMF）などのブレトンウッズ機関のあり方が改めて問われているかにみえる。

　一方、米国の保守派からもWTOやIMFなどに対する批判が高まっている。例えば米国の保守派のシンクタンクで、レーガン政権の国連政策に大きな影響を与え、ブッシュ・ジュニア政権にも多くの人員を送りこんだヘリテージ財団は、かねてより国連を強く批判しているが、ブレトンウッズ機関とWTOへの批判にも

力を入れている。昨今も、「これらの機関（国連およびWTO）は、まさに合法性を協議することにより国家主権を危機に陥れているのである。国連の場合は主権自体を奪うまたは解釈することにより、WTOの場合は貿易障壁として」(Roger Scruton "The United States, the United Nations, and the Future of the Nation-State", *Heritage Lecture* No.794, June 27, 2003)、「IMFと世界銀行の開発途上国における活動記録を調べると、グローバルな経済の安定や貧困の解決とはほど遠く、これらの国際機関こそが問題であることがわかる」(Ana I. Eiras "IMF and World Bank Intervention: A Problem, Not a Solution", *Backgrounder* No.1689, September 17, 2003, The Heritage Foundation) 等の内容の文書を発表している。

　ともに数多いNGOと開発途上国のなかには当然に多様な主張があり、それを単純化することはできない。しかし一般には、彼らと米国保守派は、そのめざす理念も具体的な施策も異なることが多い。例えば、NGOなどが単純な自由経済に批判的であり、多様な文化の尊重を重んじ、武力行使に慎重であることが多いのに対して、米国保守派にとっては自由経済は最大の価値を置くべきものである。そして彼らは「アメリカ」の価値に対して絶対的な信頼をもち、米国単独による武力行使をためらわない傾向が強い。両者の姿勢は対立することが多いのである。ところがその両者がともにブレトンウッズ機関などの国際経済機関を批判している。奇妙なことと言わざるをえない。しかもこのような混乱は今に始まったことではない。例えばかつてグレアム・ハンコックは、NGOの開発途上国への援助活動を基本的には肯定したうえで先進国の援助政策を厳しく批判し、ヘリテージ財団とは対立的な姿勢を示したが、国連の援助政策に関する議論においてはヘリテージ財団の資料に多く依拠した（Hancock, Graham *"Lords of poverty: free-wheeling lifestyles, power, prestige and corruption of the mutli-million dollar aid business"*, Macmillan London, 1989. グレアム・ハンコック『援助貴族は貧困に巣食う』武藤一洋訳、朝日新聞社、1992年）。なかでも、米国保守派が一方的に国連分担金の削減を求めたカッスバウム修正条項に異論を唱えていないのは興味深い（同書p.157）。同様の状況は日本国内においてもみられる。

　もしも、これらの国際機関が国際経済において巨大な力をもち、しかもいかな

る意味でも説明がつけられないほど腐敗した状況にあるのならば、立場を違える人びとが国際機関批判に関しては歩調を揃えることもありうる。もちろん、まったく問題がない組織がありえないように、これらの国際機関もなんらかの改善すべき点はあるだろう。しかし、そもそもこれらの国際機関の予算規模は、二国間で提供されている援助とは比較にならないほど小さく、対照的な立場の人びとがともに批判しなければならないような状況にあると言うことはできない。

それにもかかわらず国際機関が強く批判される背景には、国際機関がもっぱら法的な面を中心に研究されてきたために、その政治的な意味とその政治性をめぐる歴史的な経緯が十分には理解されていないことがあるように思われる。そこで本稿では第二次大戦後の国際機関の状況を、国際機関を成立ならしめた時代精神のあり方とそれをめぐる軋轢という観点から、経済分野を中心に整理したい。

1. 思想としての国際機関

本格的なものとしては国際連盟を嚆矢とする普遍的国際機関は、平和のあり方というきわめて理念的な問題をその活動対象の中核に据えた。しかもそれはたんに理念的であるのにとどまらず、国の主権の中核をなす交戦権にかかわる最も政治的な問題だった。この点で国際連盟は、それ以前に誕生した国際機関とは大きく質が異なっていた。万国郵便連合などの19世紀に生まれた機関は国際行政連合と呼ばれるが、これらの機関が国際連盟のもとに入ることを求められながらも政治化を拒んだことに、この質の違いはよく示されていた。国際行政連合は、各国の主権を制限する意味をもつ国際機関に分類されるとは言え、普遍的国際機関に比べればその役割は文字通り行政面にとどまっていたのである。

普遍的国際機関の政治性は、それまでと比較すればきわめて大胆な民主制の採用、すなわち総会の設置に特徴的に表れた。総会にはすべての加盟国が平等な立場で参加することができ、討議し、投票権をもつこととなったことが、このこと、すなわち国際的な民主制の採用は19世紀的な外交観の大きな転換だった。普遍的国際機関は、各国の政治経済制度の違いを超えて人類がめざすべき価値に民主

制を据えたことから登場したと言ってもよい。

　国際連盟創設を強く主導したのはウィルソン米国大統領だった。しかしそれにもかかわらず米国は国際連盟には加盟しなかった。米国には、身分や宗教による差別から逃れるためにヨーロッパを捨て、新大陸において民主制という理念を基礎に置いて自由を求める人びとが作った新たな国であるとする認識が強く存在している。このため米国は外交政策として、モンロー主義に代表されるヨーロッパからの孤立を掲げてきた。それがここでも発揮されたのである。もちろんモンロー主義とウィルソン主義は互いに矛盾するものではない。自由を求める人びとを受け入れ、助けるという理念は、苦しむ人がいれば他国民であっても助けるべきだという結論も導き出す。これが米国の基礎を形成しているからこそ、2003年のイラク爆撃にさいしても、これを正当化するための理屈のひとつとして、フセインのもとで抑圧を受けているイラクの人びとを解放しなければならないなどの言葉が繰り返されたのである。その意味で、モンロー主義とウィルソン主義は米国の理念が異なるかたちで具体化されたものだった。国際連盟への加盟をめぐる米国内の対立は理念そのものを問い返したのではなく、その具体化のあり方をめぐるものにすぎなかった。

　第二次大戦後に新たに作られた国連では拒否権が導入されることにより、モンロー主義とウィルソン主義が折衷された。国連憲章はその目的として、「国際の平和及び安全を維持すること。そのために、平和に対する脅威の防止及び除去と侵略行為その他の平和の破壊の鎮圧とのため有効な集団的措置をとること」、「人民の同権及び自決の原則の尊重に基礎をおく諸国間の友好関係を発展させること」、「経済的、社会的、文化的または人道的性質を有する国際問題を解決することについて、並びに人種、性、言語又は宗教による差別なくすべての者のために人権及び基本的自由を尊重するように助長奨励することについて、国際協力を達成すること」、「これらの共通の目的の達成に当つて諸国の行動を調和するための中心となること」の4項目を掲げたが、これらは、各国が団結（unite）してファシズムと戦いこれを打ち破ったという認識にもとづく同盟と軍事力による平和観、米国的な反植民地意識、とくにファシズムと対抗することから確立した人権意識

などにもとづいている。United NationsはまさにUnited Statesの世界化として作られたと言ってもよい。もちろん理念としての「アメリカ」がそのままむき出しで世界化されているわけではない。普遍的な価値としての体裁が整えられ、何よりも国際協調が掲げられることにより、現代世界の国際的規範となった。これらの国連の目的は現代世界の規範、時代精神とも呼ぶことができる。

　このなかでもとくに中心的な目的が、筆頭に掲げられた「国際の平和及び安全を維持する」であり、その具体化のために、「安全保障理事会は……空軍、海軍又は陸軍の行動をとることができる」とする、いわゆる国連軍の規程が定められた。そして強制力を備えたことこそが、国連の前身の普遍的国際機構である国際連盟とは異なる、国連の最も重要な特徴となった。時代精神の実現は、超国家的な強制力を備えた国際機関に委ねられたのであり、このような強力な機関の提案も、国連が「アメリカ」の世界化としての意味をもっていたからこそ可能になったことだった。他面からみれば、軍事力を背景にして平和を「維持」することを主要な任務とした国連は、常任理事国のいわば軍事同盟にほかならなかった。

　同時に、第二次大戦の一因には世界経済の混乱があり、国際連盟が経済分野における国際協力に対して十分には配慮していなかったとの認識から、経済社会分野での国際協力が主要な課題となった。この結果、安全保障理事会とともに経済社会理事会が主要機関として設置され、国連は経済社会問題に関する統合的な機関となった。かつての国際行政連合の一部が国連の専門機関として組み入れられたことに加えて、既設の機関が十分には対応していなかった分野については新たな機関も創設されたが、新設された専門機関はかつての国際行政連合とは比較にならないほど政治性を帯びた。米英が中心となって作られ、「戦争は人の心の中で生まれるものであるから、人の心の中に平和のとりでを築かなければならない」と、その憲章前文で抽象的な理念を、あえて言えばいささか文学的に謳いあげた国連教育科学文化機関（UNESCO）はその代表的な存在である。そもそも教育は19世紀的な国際行政連合の視点からみれば、国際的調整の対象になるべきものではない。そのような分野に関して、このように理念を前面に掲げて国際機関を創設したことは、デモクラシーという理念の普遍性への信頼と「アメリ

カ」の理念の世界化に対する自信の表れでもあった。またこれらの理念は、やはり理念の上に作られた国であるソ連が、具体的な方向性については違いがあるものの、共有するものでもあった。

このように、国連の創設とそれにともなう諸機関の創設および改変は、従来は各国の主権のもとにあったさまざまな問題を、先にみたような時代精神のもとで統合的に政治化する過程だった。この過程をここでは国連化と呼ぶことにする。

しかし、その目的が理念的であればあるほど、その活動つまり理念の具体化をめぐる対立は激しくなる。いわゆる総論賛成各論反対の状況が生まれ、とくにその機関において決定を主導する力をもたない勢力は理念を具体化する機関としての国連を批判し、問題そのものの非国連化を求めざるをえなくなる。ただし、時代精神そのものが否定されないかぎり、批判すべきは時代精神を実現できない国連の仕組みでありつづける。これに対して、決定を主導する力をもっている勢力は、自らの政策を遂行するうえでの手段としてより国連化をすすめるだけではなく、正当化のための理屈としても積極的に国連を利用することになる。国連が賛美と激しい批判の間をゆれ動くのはこのためである。国連は思想であり、規範であるからこそ議論され、批判される。

また国連の批判がしばしば官僚主義に向かう理由のひとつもここにある。米国やかつてのソ連にとっては、時代精神としての国連を批判することはできない。また、現在の日米などは国連において有力な国であり、国連の政治決定においても大きな影響力をもっている。このため国連の政治決定を批判することは難しい。それは自国の国連における行動を問題にすることになるからである。そこで、時代精神や政治決定の実現が官僚機構により妨害されているとする批判が生まれることになる。

2. 国連化と非国連化

第二次大戦後、ヨーロッパが壊滅的な被害を受けたことにより米国の力が突出した。このもとで、United States の理念の世界化としての国連化は多くの分野で

順調にすすんだが、国連化が達成されなかった分野もあった。当初創設が予定されていた国際貿易機関（ITO）が発効にいたらなかったのである。ITOも世界恐慌の発端となった米国が主導したものであり、だからこそ理想的な提案だった。そして逆にそのことが各国をして批准をさせない理由となり、米国自らも批准にはいたらなかった。

　かつて米国議会が連盟規約の批准を認めなかったのは、米国の理念をめぐる抽象的な問題が問われたためであり、必ずしも差し迫った具体的な対応に関して対立があったわけではなかった。そして第二次大戦後の米国内においては、ナチスや日本軍国主義の実態を前にしてそのような抽象的な問題は決着がついており、もはや深刻な矛盾にはいたらず、国連憲章の批准も可能になった。しかし貿易という日常の経済活動に直接結びつく分野では事態が異なり、総論賛成各論反対の事態がより生じやすくなる。今や問題は、選挙民の直接的な利害にいたっており、それを重んじる国内の民主制と国際的民主制の理念の間の矛盾が早くも表面化したのである。

　一方、同盟を結んだはずの国のなかで対立が生じること、すなわち米ソ対立の激化により国連化が妨げられる問題も登場しはじめるようになる。1947年6月5日にマーシャル米国務長官がヨーロッパ復興計画、いわゆるマーシャル・プランを提唱し、その受け入れ機関としてヨーロッパ経済協力機構（OEEC）が1948年に設置されたことはその一例だった。戦場となったヨーロッパの復興のあり方は、ヨーロッパにおける米ソの勢力圏にかかわる当面最大の政治問題だったためである。

　しかし、まさに「経済的……性質を有する国際問題を解決すること」の「達成に当つて諸国の行動を調和するための中心となる」ために、国連が作られたはずだった。そして、だからこそ経済社会理事会が主要機関として設置され、専門機関の活動の調整などを行うことが決められたのである。加えて、すでに1947年3月28日に経済社会理事会が5つの地域委員会を作ることを決議しており（UN. Doc., E/RES/37）、これにより欧州経済委員会（ECE）が設立されていた。

　ECEは民主制を理念とする国連の下の機関である以上、メンバーを恣意的に

選ぶことはできず、当然に国連加盟国であるソ連を含んでいた。この国際的民主制にもとづく機関では多数派を形成できなかったソ連が、問題を国連の下に置くことにことごとく反対していたのは自然のことだったと言いうる。ECEに関しても、フランスが「善意とギブ・アンド・テイクの精神」にもとづいてドイツ経済に関する規定を盛りこむことに賛成し、英米などがこれを支持したのに対して、ソ連は、「関係地域における経済発展に関する責任は占領当局のみが負う」として、ECEの任務における「ドイツ経済へのいかなる言及にも反対する」、ECEの「権限がヨーロッパ全体または国連非加盟国に拡大されることは望まない」、ECEは「国連の枠内で活動すること」等と繰り返し、「経済社会理事会のメンバーのなかに、専門機関や政府間機関に独占的な権限を与えようとする願望がある」ことを批判し、ECEに「過大な負担を負わせない」よう修正を試みたのである。しかしこの国際的民主制の場ではソ連の提案はすべて否決された（UN. Doc., 80th & 81st meetings of the Economic and Social Council, 27-28 March 1947, "Official Records of the Economic and Social Council, 4th session, Meeting Records" pp.197-205）。

　このときの審議にかぎらず、当時のソ連は国連憲章の遵守を再三訴えている。ソ連は時代精神そのものを否定したのではなく、時代精神の具体化のために自らが創設にかかわり、またそこで特権をもつ国連を否定したのでもなかった。新たな国連化、すなわち自らが決定において力をもちえない国連の権限が拡大することに反対したのである。したがってその主張はむしろ法の規定に沿ったものだった。このため、ECEの設立のさいの審議でも英国が「ソ連の提案の論理は理解する」と述べ、他の西側諸国も同様の発言を繰り返すことになった。国連の枠組みを積極的に逸脱しようとしたのはむしろ米国などだったのであり、そのことは当事者も了解していたのである。したがってソ連の主張を単純に否定することはできない。ECEの役割の拡大の理由づけとして、「善意」ややむをえない事情が掲げられたのはこのためである。議論のあり方としては、憲法を逸脱する理由に国際貢献が用いられてきた1990年代以降の日本政治の状況と類似していた。

　これに対して米国政府内ではECEに対する批判が起こる。5月29日の国務省

におけるヨーロッパ援助、復興および再建問題に関する検討では、クレイトン経済問題担当事務次官が「欧州経済委員会は、小国がソ連を怖がるために、建設的行動を妨害しようとするソ連のあからさまな意図が実行されており、その当初から麻痺している。このためフォーラムとしてはまったく利用できない」と述べている。しかし、前年に国務省入りし、国連問題を担当していたラスク国務省特別政治室長は、「ECEがこのためには利用できないとの決定的な状況を示さない限りは、またも国連をバイパスしたことに対して世論が急激に高まり、すべての計画を台なしにしかねず、また間違いなく危うくするので、現時点でECEを利用しないとの決定は下すべきではない」と主張し、アチソン事務次官も「この危険性に敏感に反応した」（"Foreign Relations of the United States, 1947, Volume.III: The British Commonwealth; Europe" p.236）。米国はこの民主制を利用できたからこそ、ジレンマを抱えることになった。

　6月20日には、マーシャル国務長官が次のような電報を駐英大使に送る。「当面の課題はヨーロッパ計画の進展においてECEがどのような役割を、役割があればの話だが、担えるのかということである。この種の問題を直接カヴァーする任務をもった国連機関を利用することは望ましく、国連に対する我々の長期的な目的にも適合しているが、我々はここでは効果的かつ迅速な行動がきわめて難しいとの懸念を共有している」「我々は、ECEが役割を果たすかどうか、もし利用するのであるのならば、暫定的な進行報告をともなう明確な予定表を定めた迅速かつ効果的な行動と、遅延が生じた場合には関係国がECEの外に移行する立場の留保の保証を主張することを検討するイニシアチブを、ヨーロッパ諸国、とくに英国とフランスにさせようと思いはじめている」（FRUS, 1947, Vol.III, p.264）。

　もちろん、これに対してはソ連東欧諸国からは懸念が表明される。7月10日に、駐ポーランド大使はマーシャルにあて、「（ポーランド）外相が、すでにECEがあり、英国とフランスのこの提案は、国連機関が実行すべきことを遂行する新たな機関を作ることだと述べた」と報告がなされる（FRUS, 1947, Vol.III, p.321）。

　ソ連に対抗するために、いかに西側諸国にとって都合のよい顔ぶれによる機関を作り上げるか、具体的にはいかにソ連を排除するか、これがOEECが作られた

意味だった。ソ連が、ドイツ経済に関する権限を国連に委ねるのではなく自国が権限をもつ占領体制にとどめようとした、つまり国連化を拒んだのに対して、米国は国連化でも不十分と認識し、新たに機関を創設することで対応しようとしたのである。

　この米国の動きは、結果的にこの分野における国連の取り組みを無力化することになった。米ソの姿勢は対照的なようにみえるが、問題を非国連化しようとしたことに関しては共通していたことになる。米国的な見方であれ、ソ連的な見方であれ、時代精神が国の主権の制限までをも示した以上、その具体化のための機関である国連のあり方が深刻な対立を呼んだのは当然のことだったが、それは、国内政治において、それぞれの政党などが自らにとって都合のいい選挙制度や選挙区の区割りを主張する議論に似ていた。そして1947年は、国際的に最も露骨な区割りであるパレスチナ分割が決められた年でもあった。

　ここで再度強調したいのは、OEECは、国連がヨーロッパの経済問題に十分な活動をしていないから作られたのではなく、国連が地域的な経済問題に関して具体的な取り組みを始めたからこそ、それを無力化するために作られたという点である。もちろん、ここではECEが迅速かつ効果的な対応ができないことがOEEC創設の動機ではあるが、その是非はともかく、ヨーロッパの復興について議論があった以上、議論に時間がかかるのはやむをえない。しかもECEの設置が決められた日からマーシャル・プランの提唱まで2カ月あまりしかない。そして同様の事態、すなわち国連が活動しているからこそこれに対抗して新たな機関が作られるという事態は、その後も現在にいたるまで再三繰り返されることになる。

　一方、創設が想定されていたITOの発足が実現せず、その憲章の関税および貿易に関する主要部分を抜き出して、GATTが作成されたのは1947年10月だった。GATTは翌年より暫定的に発足するが、これらとOEECの成立経緯は同時期である。つまり、国内民主制と国際民主制の対立のために貿易問題が国連化されないことが明白になったのと、ヨーロッパという地域を限定したものではあっても、経済問題全般が非国連化されたのは同時期だった。言葉をかえて言えば、これは、

経済問題が十分に国連化されないままに非国連化がすすめられはじめたことを意味した。

　しかし、かりにある立場からみて好ましくない構成員だとしても、それを理由に排除したのでは「民主的」ではない。それは、行政機関ではなく時代精神を実現するための政治機関である国連、そしてその時代精神のなかでも、国連の創設を主導した米国が最大の価値を置く理念である民主制を否定することになる。一般に、米ソ対立により、大国間の一致という国連の原則が夢想的なものだったことが明らかになった、などと言われることが多い。しかしその結果としてとられた措置は、そのような手続き的な原則を無力化するにとどまらず、民主制とは何かという問題にまでかかわるものだった。ただしそれは、ソ連の共産主義が民主制を脅かすものであるという認識から問題化しなかった。

　また、米国的な自助の精神からもこれは合理化された。例えばマーシャル国務長官はジュネーヴ領事にあてた1947年6月17日付けの電報で次のように述べた。「ヨーロッパ援助のための新計画はない。もしそのような計画が進展するのならば、それはヨーロッパ主要国が次のようなことを示した後である。すなわち、すでに提供されている援助がなぜこのように乏しい成果しかもたらしていないのか、そして自助のためになにができるのか、どのような手順が最も素早い結果を生むのか、そして最も少ない我々の助けにより、いかに早く自立に復帰できるのか。従って、我々がECEに示すことは何もない。ヨーロッパ諸国がイニシアチブを示さなければならないのである。もし彼らがECEを通じて活動することを望むのならば、我々はかまわないが、それが排他的であってはならない」(FRUS, Vol.I: General; United Nations, p.955)。もちろん、「排他的であってはならない」という言葉は米国に対するものであり、ソ連を念頭に置いたものではなかった。

　非国連化の動きがとくにはっきりと表れたのは国連の名による武力行使だった。1949年に米国を中心とする諸国が、個別的集団的自衛権を認めた国連憲章第51条にもとづいて北大西洋条約機構（NATO）すなわち新たな軍事同盟を結成したのである。時代精神の中心部分にある軍事力に裏づけられた平和という理念はそのままにしながらも、その実現機関としての役割が非国連化されたことになる。

さらに1950年1月からはソ連が安保理のボイコットを始め、米ソなどの軍事同盟としての国連の崩壊が決定的になるなかで朝鮮戦争が勃発する。ソ連のボイコットは変則的に安保理が「機能」することを可能にするが、ソ連はこれを契機にボイコットを止める。同盟が崩壊するなかで、この分野で同盟としての国連を機能させてはならないことを、機能される側として痛感したわけである。この結果、安保理はその後朝鮮問題に関して動くことができなくなった。そして朝鮮戦争停戦後の1955年にワルシャワ条約が締結され、それぞれの陣営が軍事同盟を国連から切り離したことにより、軍事問題の非国連化が決定的になった。そして、同盟と軍事力を背景にした平和という時代精神が考えを同じにする諸国にゆだねられたことにより、そのなかで、つまりNATOやワルシャワ条約機構の加盟国のなかでこの時代精神が批判されたり、根本的な議論がなされることが少なくなった。時代精神の非国連化は、それを問い直すことを避けることでもあった。

　ただしここで問題となったのは、時代精神を実現するための機関から、西側諸国からみて時代精神に反する国であると認識されたソ連をいかに排除するか、ということにとどまっていた。団結をした各国（United Nations）が目的を推進するはずだったが、団結すべきではない国がそのなかに入ってしまったので相手を変えようとしただけだった。時代精神のすべてまたは一部が否定されたわけではなく、国連総会の民主制に対する信頼がゆらいだわけでもなかった。このことは、1947年に米国が安保理の権限の弱体化をねらって、総会が閉会中に活動する総会中間委員会の設置を提案し、さらにこれをすすめて、安保理の権限を総会が行使できる道をひらく「平和のための結集決議」を1950年11月に総会で採択させていたことによく表れている。舞台をグローバル化させ、民主制を徹底させた場合には、相対的にソ連の力を無力化することができたのである。ECEを無力化し、民主制を形骸化させることに対する米国政府内の懸念は、民主制を徹底させることで合理化された。

3. 非国連化の対象の変化──東から南へ

　軍事力の行使、すなわち国連の第一の目的である「国際の平和及び安全の維持」が非国連化された以上、国連の焦点は第二以降の目的である民族自決と経済社会問題に移る。とくに、1960年に16カ国のアフリカ諸国が一度に加盟し、国連で最少グループだったアフリカ諸国が最大勢力に躍り出たことはこれを決定づけた。その頂点のひとつが、1960年に総会が採択した植民地独立付与宣言で、これは「人民の自由を否定し又は妨害することから生じる紛争がますます増加し、世界平和にとって重大な脅威となっている」と断言した。国連憲章は筆頭に国際平和を掲げ、次に民族自決を示していたが、民族自決が妨害されるから国際平和が脅威にさらされるというこの表明は、この2つの課題の間の方向性を逆転してみせたのである。さらに1961年にはアフリカ諸国が中心となって核兵器使用禁止宣言を提案し、総会が採択、また総会開会の直前に非同盟諸国首脳会議が開催され、この動きはゆるぎないものとなった。

　その後開発途上国は、植民地主義と人種差別を象徴する南部アフリカ問題に関して経済制裁や武力行使を求めるようになる。例えば、1962年に総会は対南ア外交断絶や製品ボイコットを初めて呼びかけ（UN. Doc., A/RES/1761）、1963年には安保理も、任意措置であるにしても対南ア武器禁輸を呼びかけ（UN. Doc., S/RES/181）、1965年には総会において南アフリカ代表の正当性について初めて投票が行われ（UN. Doc., A/RES/2113B）、1966年には総会がアパルトヘイトを「人道に対する罪」と断じる（UN. Doc., A/RES/2202A）。アパルトヘイト体制に対して強制行動を求め、ファシズムに対してつけられた罪状である「人道に対する罪」を投げつけるこうした動きは、非国連化させられた、軍事力を背景とした「国際の平和及び安全の維持」を改めて国連化しようとするものでもあった。正邪を峻別し、邪に対しては強制力をもって臨むという時代精神の根幹にあるものの正当性はゆらいではいなかったのである。時代はさらに下るが、例えば1969年にアフリカ諸国が提案した南部アフリカ・マニフェストに対して、キューバが「真の独立への道は妥協なき武力闘争である」（UN. Doc., A/PV.1815, p.11, para.120)と述べて、親南アの姿勢をとっていたマラウィとともに棄権したように。「国際の平和及び安全の維持」の中心である大国が当事者として深くかかわることにより矛盾が拡大していた中東問題や南部アフリカ問題などにおいては、むしろこの時代精神は重みを増していた。

これらのことは同時に、経済社会問題が政治的に深刻な問題になったことを意味した。そしてそれは、時代精神の実現のために、法の規定を乗り越えてまで国連の権限を強めようとし、それがかなわない場合は国連の外にそのような機関を設置しようとしてきた米国の政策の矛盾が表面化したことでもあった。さらに言えば自由と民主制に最大の価値を置き、それを守るためには戦いをいとわない米国的な価値が、米国自身の矛盾を問いはじめたということもできた。

このようななかで、経済社会問題の非国連化がさらにすすめられることになった。OEECを発展させた機関を作ることが1959年に提唱され、1961年に経済協力開発会議（OECD）として発足したのである。OECD条約はその目的を「(a)加盟国において、財政金融上の安定を維持しつつ、できる限り高度の経済成長及び雇用並びに生活水準の向上を達成し、もつて世界の経済の発展に貢献すること。(b)経済的発展の途上にある加盟国及び非加盟国の経済の健全な拡大に貢献すること。(c)国際的義務に従つて、世界の貿易の多角的かつ無差別的な拡大に貢献すること」「を意図した政策を推進すること」とした。ヨーロッパにおける経済政策を非国連化するための機関が、ヨーロッパという地域の限定と戦後復興という目的の限定を乗り越えてグローバル化されたのである。

ただし、OECD条約の前文が、「経済的な力及び繁栄が国際連合の目的の達成、個人の自由の擁護及び一般的福祉の増進のため不可欠なものであることを考慮」するとし、「いっそう広い協力が世界の諸国民の間の平和的かつ協調的な関係に重要な貢献をすることを確信し」、「これらの国が参加している他の国際的な機関もしくは制度におけるこれらの国の義務又はこれらの国が当事国になつている協定に基づくこれらの国の義務に適合する方法によつて前記の目的を達成することを決意」するとしていたように、ここでもなお国連にその正当性が求められていた。

しかしそれが国連の目的達成のために不可欠である事柄であるのならば、OECDが掲げる目的の実現は国連においてなされるべきであり、もしその目的が国連内の既設の機関では対応できないものであるのならば、OECDは経済社会理事会の下の委員会または専門機関として作られなければならなかった。しかも、OECD条約は「経済的発展の途上にある加盟国及び非加盟国の経済の健全な拡大に貢献すること」を謳っている。そうであるのならば、なおさら「経済的発展の途上にある」大部分の国が加盟国とされなかったことは奇妙なことだった。つまりここで問題とされたのは、先進国からみた開発途上国の処遇にほかならなかった。

この意味で、OECDの創設が提唱された1959年が、オリバー・フランクスが、「いままでは、東西間の緊張が支配的であった。現在、われわれは、同様に重要な『南北問題』に直面している。これは『東西問題』に関連しているが、それ自身独立した同等の問題である」と講演し、南北問題という言葉を使用したことでよく知られていることは重要である（Oliver Franks, The New International Balans: Challenge to the Western World, Saturday Review, Jan.16, 1960）。この当時は、現実に米ソが対立しつつも共通の利害を認めはじめていた。つまりOECDの創設は、非国連化の目的が、常任理事国として特権的な地位にあったソ連を無力化することではなく、開発途上国の無力化に変化したことを示していた。そしてそのことは、民主的でないソ連を民主的な機関から排除することとは異なり、民族自決と民主制を重んじる時代精神そのものが問題になることも意味した。

OECD発足と同年、南北問題に対する南からの動きがはっきりとかたちになった。1961年9月に開催された第1回非同盟諸国首脳会議においては貿易が問題となり、その提案により、1961年の国連総会は事務総長に対して貿易開発会議を開催する可能性についての検討を要請し（UN. Doc., A/RES/1710）、1962年には経済社会理事会がこの開催を決議し、国連総会も「互恵的な国際貿易は諸国間の近隣関係の確立の良い土台を生み出し、平和の強化を助ける」として、国連貿易開発会議（UNCTAD）の開催を決定したのである（UN. Doc., A/RES/1785）。これに対して、地域経済委員会は貿易問題に関して審議を行い、決議などを採択す

るが、ECEもその例外ではなかった（UN. Doc., E/CONF.46/46）。国連は活発に活動しており、かつて国連化されなかった貿易を改めて国連化しようとしていた。

　そうであったにもかかわらずOECDを創設することは、時代精神の建前にしたがえば、屋上屋を重ねる意味のないものだったことになるが、もちろんそうではなかった。経済問題が重要になるからこそ、これを非国連化したのである。ECEの創設を受けてOEECが作られたように、OECDはUNCTADに象徴される動きがあったからこそ発足し、問題がヨーロッパから世界全体に広がったからこそ、その任務もグローバル化されたのだった。

　UNCTAD開催に先だって、ボール米国国務次官がケネディ大統領に覚え書きを提出しているが、大統領向けの簡潔な文書だけに米国の見方がよく示されている。ボールはUNCTADの背景を次のように説明している。「この会議は二つの勢力、すなわち、GATTを主要貿易国が管理するその利益のための道具と見なして不満をもつ低開発国と、主に政治的な目的からGATTを弱めようとする、ソ連の戦略的利益の結果である。低開発国のGATT嫌いは長年に渡って培われてきた。多国間の自由貿易というオーソドックスな考えの否定に基づく競合機関に関しては長い交渉が行われてきたのである。……1962年7月の経済社会理事会の会議で、米国代表はこのような会議を阻止できないことを決心した。……時がたつにつれ、この会議が低開発国の貿易問題に焦点を当てるものとなることが明らかになった」。そして、米国が「優先問題に取り組む戦略案」の筆頭に、「OECDの会合において、我々は、米国政府が開発途上国の輸出増加という難しい問題の解決を長い間に渡って主導してきたことをはっきりさせる」ことをあげ、覚え書きの最後で、「GATTを特別の利害のための討論の場に変えようとする動きや、いっそう拡散した機関にとって変えようとする動きから、我々はGATTを守ることに注意しなければならない」（FRUS, 1961-1963 Vol. IX: Trade and Commercial Policy, pp.622-627）と、非国連化、すなわち排除する対象がソ連から開発途上国に変わったことが明言された。まさに、「世界最大の国際政治問題であった東西問題ももはや解決不可能の深刻な問題とは考えられなくな」り、「南北問題が東西問題に入れ替わり、世界の舞台に大きくクローズ・アップされることとな」ったので

ある。先進国は「主としてOECDの場を利用して」(以上、外務省『国連貿易開発会議の研究——南北問題の新展開』pp.3-4、p.7、世界経済研究協会、1965年)対応を行ったが、このこともOECDとUNCTADの関係をよく示していた。

　しかし、このような米国のもくろみにもかかわらず、UNCTADは常設機関として設置される。そのさいの決議は、「既存の国際機関の活動を国連貿易開発会議で検討した結果、貿易およびこれに関連した開発問題の全般を扱ううえでのこれらの機関の行った貢献および制約の双方を認識し、……開発途上国の間にみなぎる包括的貿易機関への願望に留意」(UN. Doc., A/RES/1995)すると述べているが、その意味は明らかだった。貿易問題は国連化されず、つまり強い力をもつ民主的な国際機関のもとで統合されることのないままに、暫定的に発足したGATTが対応していたために、結果的に、現実の貿易において力をもっている諸国の意向が強く反映するものとなっていた。しかもOECDが発足することにより、いっそうの非国連化がすすめられた。これに対して、UNCTADはかつて頓挫した「包括的貿易機関」の創設に向けて舵を切ろうとした。つまり国連化されなかった貿易問題を国連化しようとしたのである。

　このような問題の背景は、OECDとUNCTADの加盟資格の違いによく表れている。前者の加盟資格がきわめて限定されているのに対して、後者は全国連加盟国などに拡大しているのである。またUNCTADの中核組織である貿易開発理事会の理事国数は55とされ、規模が大きい。国連の軍縮交渉の歩みは、参加国が拡大するのに対抗して軍事大国が参加国を制限した場を次々に創設し、最終的に非国連化した歴史をもつが(河辺一郎「国連の軍縮交渉」『軍縮問題資料』1997年4月号、5月号)、経済についても同様の状況となった。またOECDとUNCTADがその事務局長をともに事務総長(Secretary-General)と呼んでいることも興味深い。

　これ以外にも、OECDの組織としてのあり方はUNCTADとは対照的である。OECDの「決定及び勧告は……、すべての加盟国の間の合意によつて行なわれ」、「棄権した加盟国以外の加盟国に適用される」(第6条)とされ、いわばすべての加盟国に拒否権が与えられたのである。これは、全会一致を原則としていた国際

連盟が第二次大戦を防ぐことはできなかったとの認識から、国連総会に多数決を導入し、また安保理の決定が全加盟国を拘束することを規定したことを否定したことになる。国連憲章に体現された時代精神は、そこに明記された目的とその目的を達成するための民主制から成っていたはずだが、そこから民主制が骨抜きにされたのである。

このようなOECDの組織について、日本政府は「その活動形態は、加盟国間の交渉ではなく、意見及び情報の交換を主体としており、比較的自由な討議を通じて共通の認識を醸成し、各国の政策の調和を図ることを目的としており」、「OECDの諸会議は、理事会が合意しない限り、すべて秘密会とされており、その内容も公表されないことになっていますが、OECDの討議の以上のような特性からこれはむしろ当然のことと考えられ」(外務省情報文化局『OECDと日本』p.5、1982年3月) ると説明した。しかしむしろ次のように言うべきだろう。議論を公開で行い、時代精神の実現機関として具体的な決定を行うよう構想された国連では、安保理が加盟国を拘束する力をもち、しかも平和のための結集決議によりその権限を総会が行使する可能性もある。これに対して、OECDは経済を非国連化するために作られたからこそ、その活動形態が国連とは対照的なものになったと。

そしてこのことは、すでにOEECがもっていた非国連化がより鮮明になったことを意味した。ただしOEECの非国連化は、国連においてソ連がもっている影響力を小さくするまたは無力化するのものだった。そしてそのことは、ソ連共産主義が民主制に対する脅威であり、相容れないと認識することにより合理化され、これが反民主的なこととはされなかった。しかし開発途上国を一概に排除するわけにはいかず、非国連化を表明することはできない。このため、政府内の文書では開発途上国への批判や貿易問題の国連化に抵抗することを露わにしても、これを国際的な場でまたは選挙民に対して露骨に表明することは難しかった。そこで、国務次官が大統領に示したような方向性は洗練されたかたちで表出されることになる。

1961年にケネディ大統領は、1960年代を「国連開発の十年」とし、国際協力

により開発途上国の経済開発の推進を呼びかけた。これは南北問題を国連化する試みのようにも思われるが、むしろ逆に、貿易の国連化の試みに対処するものにほかならなかったのである。UNCTADに象徴される国連化が貧しき者による革命的な行動だったとすれば、「開発の十年」は上からの妥協、いわば白色革命だった。

　国連創設時、米国もさまざまな問題を国連化しようとした。また発足後も、強制力をもつ安保理の権限を、多数決で決定する総会に移すことを試みていた。それは、自らが現実世界で軍事的にも経済的にも圧倒的な力をもつと同時に、国連においても多数派を形成していたからこそ可能だった。つまり現実の状況と理念が矛盾していなかったのである。民主制を徹底すれば、非民主的な要素を無力化できた。しかし今や米国建国の基礎にある民主制の理念が、現実の米国を問いはじめていた。

4.　革命としての国連化

　米国の国際収支が悪化し、1971年に金とドルの交換が停止され、これがさらに石油ショックを導いたことを受けて、1974年、国連総会は新国際経済秩序（NIEO）の樹立を宣言した。経済問題に関する新たな時代精神を確立する試みだった。「国連開発の十年」のような先進国からの妥協策は、先進国に妥協を提供するだけの余裕がなくなった時点で破綻し、開発途上国からの動きが一挙に吹き出したと言いかえてもよい。

　翌1975年、経済問題に関する主要先進国首脳会議、いわゆるサミットが始まる。国際的民主制を体現するはずの国連総会が経済問題の体系化を試みるなかで、OECD加盟国からさらに参加国をしぼった大国6カ国（翌年から7カ国）のみによる場が作られたのである。これは、「国際の平和及び安全の維持」において常任理事国5カ国が特権的な位置づけを得たことと類似していた。このことは、時代精神が確立していなかった経済において大国を中心とした動きが制度化され、非国連化が決定的となったことを意味した。かつては安保理の権限を総会に移そ

うとした国が、それとは正反対の行動をとったのである。米国にとっては、民主制を最重視する米国と国際民主制が矛盾しないことが、当然の時代精神の前提だった。そして反植民地主義を掲げ、国内の人種問題も克服しつつあった米国が開発途上国から批判されることは、本来はありえなかった。時代精神の前提は完全に崩壊した。

　第1回サミットが採択した宣言は、「われわれがここに集うこととなったのは、共通の信念と責任とを分かち合っているから」とその冒頭で説明し、その結語において「既存の制度の枠組み及びすべての関係国際機関において、これらのすべての問題についての協力を強化する意図を有する」と断じた。しかし当然のことながら、国連どころかGATTにも言及しなかった。この宣言は、「われわれは、各々個人の自由と社会の進歩に奉仕する開放的かつ民主的な社会の政府に責任を有する」と言うが、それらの政府の集まりが国連と呼ばれることはもはやなく、また、新たな行動の根拠に国連が援用される必要もなかったのである。本来ならば時代精神にもとづくはずの「共通の信念と責任」は国連から切り離された。その一方で「主要貿易国は、OECDプレッジの諸原則に対するコミットメントを確認することが緊要」と述べ、「関係国際機関」の意味するものがOECDなどであることが示された。さらに「われわれと社会主義諸国との経済関係の秩序ある実り多き増進を期待」した（『外交青書』20号、pp.120-122）。開発途上国が集う国連よりも、ソ連東欧諸国のほうが近しい存在となったのである。先進国からみて、時代精神とその実施機関である国連との乖離はもはや決定的になった。

　サミットはEC（EU）や全欧安保協力会議（CSCE）と比較されることもある（例えば、船橋洋一『サミットクラシー』p.233、朝日文庫、1991）。しかしEUが地域統合をめざし、CSCEも全ヨーロッパを包含する機関であるのに対して、サミットは地域的な普遍性をもたず、きわめて排他的である。OECDのもっていた特質がさらに突きすすめられた点に注意すべきだろう。また最近も、サミットに対して、「弱体化した国連、出席国が多く、あちこちで利害が衝突する国際機関のあいまいな妥協案や方針に比べると、サミットが外にみせる断固とした結束力や方針は、間違いなく"仕切り機関"の中心として、世界を動かしてきたといえ

る」、「国連の資源総会をはじめ、IMF、世銀総会、国際エネルギー機関、国連安保理など、さまざまな国際機関もこの石油危機に対応したが、その頂点に立ち、求心力をもって対応策、戦略を打ち出したのは、明らかにサミットの首脳外交であった」（嶌信彦『首脳外交——先進国サミットの裏面史』pp.74-75、p.94、文春新書、2001）などの評価がなされているが、これも問題がある。この当時の国連は実に活発に活動していたのであるから。

　先にECEとOEECの設立に関して、国連が活動しているからこそこれに対抗して新たな機関が作られると述べたが、1970年代の国連は、それとは比較にならないほど活発かつ具体的に活動していた。OEECの設立にさいしては迅速な活動が理由にあげられたが、1970年代の国連は実に迅速だった。むしろ、国連が活発に活動していたからこそ、それに対抗するためにサミットが開催されたと言うべきである。また国連の「弱体化」もいわゆる官僚主義のためなどと言うよりも、特定の国が弱体化させようとする意志を発揮した結果と言うべきだった。もちろんサミットの誕生には独仏と米国の間の主導権争い、とくに米国に対するヨーロッパの反発もあった。しかしそれにしても、経済における大国同盟の新たな結成だったことに変わりはない。

　ただし、先進国が排他的な集まりを作っただけでは事態への対応にはならないことは、先進国もよく承知していた。サミットを主導したジスカール-デスタン仏大統領の提唱により、1975〜1977年にパリで国際経済協力会議（Conference of International Economic Cooperation: CIEC）が開催されたが、これは、安保理としてのサミットを前提とした非国連化された一種の総会を提唱したものと呼ぶことができた。しかしCIECが成果をあげることはなかった。1986〜1989年に国連大使、1990〜1997年にOECD事務次長を務めた谷口誠はこれについて、「このCIECの結果は、開発途上国にかなりの不満を残すこととなり、国連がCIECの評価およびフォローアップを行うべしとの要求が出された。そこで、第32回国連総会において、80年に国連経済特別総会を開催すること、それまでのあいだは南北問題を総合的に取り扱うために国連全加盟国が参加し（CIECでは参加国が限定されたために失敗に終わったとの意見が開発途上国に強かったため）、か

つハイレベルの政策決定者の参加する全体委員会（Commettee of the Whole）を設立することが決定された」（谷口誠『南北問題——解決への道』pp.15-16、サイマル出版会、1993）と述べている。国連化と非国連化の意味がよく示されている。

　1975年9月、前年のNIEO樹立宣言を受けて、第7回特別総会は国連改革のための特別委員会を設置した（UN. Doc., A/RES/3362）。その1976年2〜3月の会合で、改革すべき8つの分野があげられたが、その筆頭が総会、ついで経済社会理事会だった（UN. Doc., A/31/34 & Add.1, 2）。1977年12月14日、この委員会は、経社理の役割を明確化し、「新たな機関の設置を避けるために経済社会理事会は最大限に拡大されるべき」、「経済社会理事会の活動に参加を希望するすべての国連加盟国は、可能な限り最大限そのようにできるようにすべきである。加えて、理事会が十分代表されるような方法を検討すべきである」などとする勧告をまとめ、12月20日、総会はこれを承認した（UN. Doc., A/RES/32/197）。

　これは、谷口が記した開発途上国の不満に、途上国が自ら示した答えであり、経済問題の国連化にふさわしく国連の組織を変えようとする試みにほかならなかった。本来は経済社会理事会が専門機関を含めた経済社会分野の統一的な中心であるべきだったが、世界銀行やIMFなどのブレトンウッズ機関はその出資金により投票権を定めていることから先進国の意向が強く反映され、他の専門機関とは異なる状況となっていた。同時に、経済社会理事会は新たな時代精神として提唱されたNIEOの策定においても大きな役割を担うことがなかった。それをNIEOの実施機関として再構築する動きがこれだったのである。さらに1979年、第1回UNCTADで生まれた開発途上国の集まりである77カ国グループ（G77）は、経済社会理事会の議席拡大に関して総会は「合意に達しなかった」、「理事会が普遍性を欠いているために、諸機関が拡散し、政府間機関及び国連の関連機関はしだいに利用しづらく非効率になっているというのが明快な認識になっている」（UN. Doc., A/C.2/34/SR.55, paras. pp.10-11）として、経社理の議席を全加盟国に拡大する決議案を総会に提出する。OECDやサミットがメンバーを限定していったこととは対照的であると同時に、民主制を重視する限りにおいて否定しが

たい提案だった。

　それまでの米国政府は総会を国際民主制の場であると認識してきたために、総会への批判を明快に表明できないでいた。1973〜1976年に国連大使を務めた斎藤鎮男の言葉を借りれば、「拒否権は"制度"であって、われわれはあれは悪い制度だと非難することができた。だが絶対多数という物理的力は、非難するわけにはいかない」（1974年4月8日朝日新聞朝刊「選択迫る『資源総会』」上）のだから。1960年頃から顕著になっていた非国連化の試みは、総会をはっきりと批判できないからこその苦肉の策だったと言うことができる。経済的な利害の対立を理由に、政治的な理念である民主制を否定することは難しかったのである。これは革命だった。しかし革命から生まれた国である米国はこれを正面から否定できなかった。

　このような動きの一方で、1972年にテロ問題が総会議題に上程され、また1975年にいわゆるシオニズム非難決議が採択された。前者では米国の国連大使だったジョージ・ブッシュ・シニアがテロ防止決議を採択させようとしてこれを果たせず（河辺一郎「テロとは何か──国連と米国右派」『軍縮問題資料』2001年12月号）、後者においては米国における国連批判が決定的となった。1975年に国連大使だったモイニハンは総会を「危険な場所」と呼び、米国世論の国連批判を後押しした（Daniel P. Moynihan "A Dangerous Place" Little, Brown and Company, 1978）。

　これらの問題自体は、パレスチナ問題を世界に訴え、その解決をめざすなかで登場したものだったが、少なくとも結果的には逆の状況を生み出したことになる。米国の世論において総会を民主的な組織とする認識を奪ううえで役立ったのである。国連総会が、テロを容認したり、抑圧されてきたユダヤ教徒を人種主義者とするがごとき決議を採択するような機関であるのならば、米国からみれば、それはもはや民主的とは言えないことになるのだから。それは、総会が時代精神に反する機関として認識されることを意味した。そしてそのことは、時代精神の是非そのものを問い直すことなく、その実施機関だった国連を否定することが可能になったことでもあった。

この結果、米国がかつて試みた国連化のための動きは否定されるべきものとなる。米国代表団の一員だったバックレイの言葉を借りれば、安保理におけるソ連の拒否権を無力化するために安保理の権限を総会が行使できるように1950年に採択された「平和のための結集」決議も、「ディーン・アチソンがかつて言ったことの中でも、間違いなく最もばかげたことであり、我々はそこから後退をし続けている。平和のための結集決議に反対したフランスとソ連は我々の行動を予言していた」ことになったのである（William F. Buckley "United Nations Journal-A Delegate's Odyssey" p.43, G.P.Putnam's Sons, 1974）。

　もちろん南北問題をめぐる開発途上国の動きに関しては、先進国を批判することにより自らの責任を逃れようとする彼ら自身の問題があることも事実である。とくにNIEOについてはこのことが強く当てはまり、このような主張がもっていた矛盾を軽視すべきではない。しかし、1970年代半ばまでの間にそれまで以上に決定的になった非国連化すなわち先進国の問題の独占化に対して、国連化すなわち開発途上国の発言力強化を図る側から起きた巻き返しだったことも否定できない。

　これらの革命的な試みがそれ自身の抱える矛盾によって挫折したのであれば、そののちの状況も変化したかもしれない。しかし事態は逆の方向をたどった。国連のもっていた意味すら理解しない政権が米国に誕生することによって崩壊することになるのである。

5.　反革命としてのレーガン政権

　1981年、レーガン政権が発足した。同政権は一連の「国連化」の動きに反発し、国連への敵視政策を展開した。総会における決議採択のさいの賛成率は10％前後になり（河辺一郎『国連と日本』p.2、岩波新書、1994）、安保理においては拒否権を濫用しはじめ、早くも政権発足から半年後の1981年6月には、国務次官補が新国際情報秩序を批判したうえでUNESCO脱退をも示唆し、1983年12月28日には1984年いっぱいでUNESCOを脱退することを表明した。

UNESCO脱退の理由にはその活動の政治化と官僚主義への批判があげられたが、すでにふれたように、本来は行政的な機関が再編された国連の専門機関のなかでも最も政治的な色彩をもって米国が主導して新たに作られたのがUNESCOであり、それは時代精神の国連化の象徴とも言いえた。つまりUNESCOはもともとから政治化されていたのである。そして官僚主義への批判も、民主制を批判することができないなかでの言いかえにすぎなかった。

　それまでなされてきた非国連化は、自らに有利な加盟国を集めた新機関を創設することによって他の諸国の主張を無力化するという、時代精神の実現機関としての国連を必ずしも否定しない、それなりの洗練された手法だった。これに対してここではいきなりの脱退という、きわめて乱暴な方法がとられた。

　またかつては、United Statesを世界化したものとしてのUnited Nationsを露骨に提示することは控えられ、一国の認識を世界的な時代精神として普遍化するために体裁を整える努力が払われていた。しかしそれももはやなされなかった。国連を否定することを正当化する理由は、たんに反米的であると言うだけで十分だったのである。このことは、時代精神のなかから、国連憲章がその目的として最後に掲げた「これらの共通の目的の達成に当つて諸国の行動を調和するための中心となること」が否定されたことを意味した。ここに、第二次大戦後の時代精神と、「アメリカ」という名の思想は、分裂した。このような米国の動向に対してヨーロッパ諸国は距離を置いた。UNESCOに関しても米国と同様の理由を掲げて脱退したサッチャー政権下の英国のみだった。それはレーガン政権の行動に対してヨーロッパが抱く懸念をも示していた。

　一方、軍事面ではすでに非国連化が完了しており、国連がこの分野で機能しないようにすることが大国の了解となっていた。つまり米国の拒否権の濫用は、朝鮮戦争勃発後に安保理に復帰し、国連がこの分野で機能することの重大さを痛感してそれを妨害したソ連の態度と共通するものだった。レーガン政権はその政策を、それまでの非国連化推進から反国連に明快に転換させたのである。その意味でレーガン政権がいくら国連を批判しても、国連を脱退して、国連化を妨害する権利である拒否権を放棄するはずはなかった。

これと並行して、本来は経済機関だったはずのサミットが政治問題に取り組む割合が増加した。とくに米国のUNESCO脱退表明を控えた1983年に米国が主催したウィリアムズバーグ・サミットでこの政治化が顕著になる。軍事面の非国連化が行き着き、反国連にいたった先にあったのは、最も参加国を制限し、大国の集まる場であるサミットをまさに安保理化することだった。

　その一方でレーガン政権は、本来は国際協調により行われるべき「国際の平和及び安全の維持」のための他国に対する軍事的な行動を、単独またはそれに近いかたちで取りはじめる。これはすでに非国連化されてはいたが、それにしてもそれは同盟国との協調によりなされるはずだった。そしてそれらの同盟は、NATOにせよ日米安保条約にせよ、国連に法的基礎を置いていた。その意味では、時代精神がもっていたはずの国際協調は最低限は維持されていたことになる。しかしレーガン政権は、非国連化のために作り上げたはずの同盟諸国の意向をも飛び越えて強制行動を発動するようになるのである。

　反米的と認識された国に対してレーガン政権がとった行動は、大きく3段階に分けられる。第一は経済制裁である。本来これは、軍事力の行使を規定した国連憲章第42条の前段階の行動として第41条において制度化されたものだった。第42条とともに第7章のもとに置かれ、一般に安保理が制裁を科するときには、軍事行動をとる場合と同様に「安保理は第7章の下で行動し」という言葉で規定される。この場合、この決定は加盟国を拘束することになる。しかしレーガン政権は、安保理の決議によることなく一方的に次々と「敵性国家」を認定し、それらに対する制裁を連発したのである。

　経済制裁についでとられたのは、「敵性国家」の反政府ゲリラなどへの軍事的経済的援助だった。もちろん、独立にともなう内戦などにおけるいわゆる代理戦争は珍しいものではない。また、要人の暗殺などによる政権転覆が秘密裏にもくろまれることもあった。レーガン政権の行動がそれらと異なったのは、すでに確立した政府に対して、公然と転覆活動を行い、それを隠さなかった点である。これらの反政府ゲリラは自由の戦士と呼ばれた。この焦点はとくにソ連が侵攻していたアフガニスタンから中東、南アフリカが周辺諸国を侵略していた南部アフリ

カ、中南米、カンボジアにあてられた。

　さらに、単独またはそれに準じた状況で武力を行使することもレーガン政権は辞さなかった。その正当化のための理由も、1983年にグレナダに侵攻したさいには集団的自衛権の体裁がとられたが、1986年にリビアを爆撃したさいには「カダフィー大佐は国際テロ行動にかかわってきた」「自由な人びとと諸国は団結し（unite）ともに活動しなければならない」と言うだけで十分だった（Address to the Nation on the United States Air Strike Against Libya, April 14, 1986）。

　国連憲章に示された時代精神がもっていた普遍的な装いから国際協調が失われる一方で、悪に対しては妥協しない、人権を重視するなどを強調した「アメリカ」という名の特定の社会背景のなかにおいてのみ通用する思想に純化したのである。このことがよく示されているのは、レーガン大統領が1983年3月21日をアフガニスタンの日と宣言したさいの演説だろう。アフガニスタンは、リビアなどとは異なり、米国保守派が最大の悪と認識するソ連が直接侵略していたためである。ここでレーガンは次のように断じた。

「英雄的で勇敢なアフガンの自由の戦士たちがソ連の野蛮な侵略と占領に耐え続けているように、アフガニスタンの悲劇は続いている」「アフガンの自由の戦士たちのレジスタンスは、この国の我々が何よりも重視する理想、自由と独立の理想の揺るぎなさを全世界に示す事例である」「決然たる人々へのアメリカの揺るぎない共感、その難民への援助、専制のくびきから自由なアフガニスタンの政治的解決を達成するための関与を、改めて訴える」（Proclamation 5034-Afghanistan Day, 1983, by the President of the United States of America, 21 March 1983）。

　この点で、安全保障に関してではあるが、のちにクリントン政権において国務次官を務めるタルボットが、「レーガンは、米国が完全に劣位にたってしまい、『ソ連はいつでもわれわれに電話をかけてこられる』——危機においてクレムリンは、いつでも攻撃するぞと米国を脅迫することができる——と信じた最初の大統領である」「彼は、核時代に定義された抑止の概念——相互の破壊の脅威に対する相互の脆弱制にもとづく相互の抑止——にとくに反発を覚えた」（ストローブ・タルボット『米ソ核軍縮交渉——成功への歩み』加藤紘一他訳、pp.3-4、サ

イマル出版、1990）と論評していることは興味深い。核抑止論は、米ソの核保有が制度化するなかで、その核保有と核開発を正当化するための理屈として展開されてきた。タルボットは、米国が自らの恣意的な行動を正当化するために組み立てたもっともらしい理屈を、レーガンはその文言通りに受け取ったと評しているのである。非国連化を飛び越えて反国連にいたったことも、これと似ていた。そしてこのことは、ある特定の社会において通用する理屈がそのままのかたちで世界に発信され、また行動に移されることを意味した。レーガン政権のこのような姿勢が、開発途上国のみならず西側諸国からも大きな批判を浴びたのは当然だった。

　一般に、経済政策は政治的な対外政策とは比較にならないほど国内的な文脈の問題となる。対外政策においてすら論理の普遍化を拒否したレーガン政権は、経済政策においてその姿勢をより貫徹することになる。意識的な金利の高め誘導により本来ならば開発途上国に向かうべき資金はウォール街に流れこみ、減税と同時に軍備支出を中心とした支出拡大を推進したレーガン政権の経済政策を支えた。これはいわゆる双子の赤字を形成するが、その影響を最も深刻に受けたのは開発途上国、とくに米国との経済関係が深い中南米だった。レーガン政権発足の翌年には、メキシコがモラトリアムを求めることになる。のちに「失われた十年」と呼ばれることになる1980年代の始まりだった。

　一方、それまで国連化されていなかった経済問題を改めて国連化することを要求してきた開発途上国だったが、レーガン政権が反国連政策を展開するなかでは、もはやそのような状況ではなかった。このため、1983年3月から4月にかけてアルゼンチンのブエノス・アイレスで開催されたG77第5回外相会議が、国際貿易に関する決議のなかの保護主義に関する条項において問題にしたのは、開発途上国に対して制裁しないように先進国に呼びかけることだった。この年は、前年にバグダッドで開催が予定されていながらイラン・イラク戦争により延期された非同盟諸国首脳会議がニューデリーで開催されることになっており、またUNCTADの開催年に当たっていた。

　第1回UNCTADで生まれたG77は、その活動の基盤である第6回UNCTADに

おいてこの問題を推進した。G77を代表して決議案を提出したソマリアは、「G77は、この会議がこの決議案を採択すべきことが重要であると確信する。なぜなら、様々な国際フォーラムにおいてなされたすべてのアピールにも関わらず、いくつかの先進国が政治的経済的目的のために、開発途上国に対する威圧的、差別的かつ一方的経済措置に頻繁に訴えるようになっているためである」と、その提案理由を説明した。

これに対して米国は、「G77代表による米国に対する事実無根の政治的批判を認めない」、「この明らかに偏向した決議案になぜ反対票を投じたか、長々と説明する必要はない。もし開発途上国に対する先進国の経済制裁が非難されるのであるならば、開発途上国による他の開発途上国に対する制裁や禁輸も、また開発途上国による先進国に対するものも同様に非難されるべきである」として、石油ショックにおける石油輸出制限を例にあげた。レーガン政権が重視したのは、「アメリカ」と一体をなす価値としての民主制であり、普遍的な価値としてのそれではなかった以上、当然の反応だった。

またイスラエルは、「政治的理由に基づく経済的威圧措置の中止を求める決議案の提案を歓迎する。イスラエルは当初よりそのような措置の目標とされているからである」「しかし、もし私がソマリア代表の説明を正しく理解しているのであれば、この決議案は開発途上国に対して先進国がとっている威圧措置のみを対象にしている。これでは問題の半面でしかなく、この決議案の提案国の何ヶ国かを含む多くの開発途上国が政治的理由から威圧的経済措置に関わっている場合、イスラエルはこのような決議案を支持できない」として反対した。いわゆるアラブ・ボイコットへの批判の機会としてこの問題を利用したと言える。これに対してPLO（パレスチナ解放機構）は、イスラエルがパレスチナ人を抑圧していること、そして「イスラエルがパレスチナ人を抑圧しアラブ諸国の侵略を遂行するために、米国は22億ドル以上を使ってきた」と反論している。

結局この決議案は、7月2日、賛成81、反対18、棄権7でUNCTAD決議152として採択された。西側先進国の多くは反対し、日本も「この問題は政治的なもので、この会議には不適切であり、先進国による開発途上国に対する威圧措置にの

み向けられており、他の方面の圧力には向けられていない」と述べて反対した。またスウェーデンは「この決議で言及されている威圧措置は安保理の決定の結果としてのみ適用されるべきで、それ以外は強く反対する」が、決議は普遍性に欠けるとして棄権した。

　この決議は、開発途上国の推進により1974年に総会で採択された国家経済権利義務憲章第32条、「いかなる国家も、主権を行使するにあたって、他国の主権的権利の行使を従属せしめるために経済的、政治的もしくはその他のいかなる態様の強制措置を使用し、もしくはその使用を奨励してはならない」にとくにもとづき、「すべての先進国は、開発途上国の経済、政治、社会開発に影響を与える政治的威圧の手段として、国連憲章の条項と相容れず、多国間で結ばれた約束を侵害する、開発途上国に対する貿易制限、封鎖、禁輸及び他の経済制裁を行うことを避けることを再度表明」した（以上、UN. Doc., Proceedings of the United Nations Conference on Trade and Development, sixth session, Belgrade, vol.II, Statements and Sumary Records）。

　開発途上国側は、さらに9月に始まった国連総会でもこの問題を推進し、G77を代表してメキシコが同様の決議案を提案したが、UNCATDと同様の議論が繰り返された。この決議案で名指しこそされていないものの非難の対象だった米国はもはや発言しないまま、12月20日の本会議において、賛成119、反対19、棄権5で決議が採択された。レーガン政権がこの決議を顧みることがなかったのは言うまでもなかった。同様の決議案はそれ以降も1987年まで提出され、採択されつづけた。しかし1985年に日本が発議し1986年に採択された国連行革により、経済社会関係の議題の一部の審議が隔年に変えられ、この問題は具体的な成果をあげないままに終わった。

　開発途上国が試みた革命は、時代精神の実施機関としての国連が確固とした存在であり、先進国が国際民主制を否定できないとのいわば幻想の上に成り立っていたのである。その幻想は、核抑止論の意味すら理解できないと言われる政権の理解が及ぶものではなかった。「失われた十年」に失われたのは、普遍的価値としての時代精神でもあった。

一方、開発途上国の経済社会状況が極端な悪化をたどる現状と、非国連化すら飛び越えた反国連姿勢の前で国連が無力化することに対して、NGOなどの批判が高まった。しかも冒頭でも紹介したように、その批判は米国や日本の政権などにではなく、しばしば国際機関に向けられた。しかし非国連化も飛び越えたレーガン政権にとっては、国連どころかブレトンウッズ機関を利用した経済政策すらその主眼とするものではなかった。先進国の発言権が保障されているブレトンウッズ機関は当初から十分には国連化されていなかったが、それでもヨーロッパの影響力が大きくなる。外部とくにヨーロッパからの介入を嫌い、モンロー主義を掲げ一国主義を唱えてきた米国の保守派からみれば、これとても信頼すべき対象にはなりえないのである。ブレトンウッズ機関などに対する保守派の批判は1980年代にもみられ、冒頭で紹介したように現在も変化していない。そしてレーガン政権は直接的な介入や武力行使も躊躇しておらず、ブレトンウッズ機関を利用した間接的な介入すなわち非国連化のような普遍化されかつ洗練された手法をとる必要はない。その意味で、構造調整政策が債務危機の原因と言うよりも、レーガン政権の経済政策により各国が債務危機に陥った状況を受けて、ブレトンウッズ機関側がこれに対応するために結果的に構造調整政策を採用したと言うべきではないだろうか。

　もちろん、国際金融機関の責任を不問に付してよいという意味ではない。しかし、日本の金融政策と金融機関を例にとれば、中小企業の倒産の原因を金融機関の貸し渋りや貸しはがしにのみ求めて経済政策や金融政策を問わないのであれば、それは本末転倒と言わざるをえない。それと同様に、レーガノミクスなどを問わないままに国際機関を問題にしたのでは、問題の本質を見誤ることにはならないだろうか。とくに国際経済における国際金融機関の役割は国内経済における金融機関のそれと比べても著しく小さいだけに、国際金融機関に議論が集中しすぎることが懸念される。

6. 国連化と非国連化の新たなせめぎあい

　1989年、米ソ対立の終結が宣言される。現代の時代精神は問い直されないままに冷戦後の世界のあり方が議論されるようになった。いやそれどころか、レーガンの指導により冷戦に勝利したと認識されることにより、「アメリカ」に純化された思想が引きつがれることになった。ただしレーガン政権の一国主義は共産主義の脅威により合理化することができたが、1991年にはソ連が崩壊するなかでこの理屈は通用しなくなる。「失われた十年」をへて、すでに開発途上国にはかつての力はなくなっていたが、それにしても1970年代に米国が直面した、反植民地主義と民主制の尊重という時代精神が米国自身を追いつめる事態が再現されることになる。

　ただし、1970年代の国連化と非国連化は比較的単純な構造をもっていたのに対して、1990年代のそれはさまざまな思惑が絡み合う複雑なものとなった。それは、冷戦のような大きな枠組みがなくなったために、比較的小さな思惑が表に出やすくなったためでもあった。

　最も大きな動きは、湾岸戦争で国連を利用することに成功した米英などから起きた。冷戦の終結と開発途上国の力の低下により日米などの影響力が強まり、国連を自分たちに有利に動かせるようになったのである。この結果、非国連化を目的としながら法的には国連憲章に依拠せざるをえなかった軍事行動を、改めて国連化する可能性が生じた。ただしそのためには安保理の状況を変え、米英による武力行使が認められる状況を固定化しなければならない。それを経ないで国連化しては、かつて苦労して作り上げながらその後は「最もばかげたこと」と言わざるをえなくなった平和のための結集決議の二の舞となる。具体的には、経済の非国連化を決定的にするための機関として参加資格を制限して作り上げ、その後は政治分野にも役割を拡大してきたサミットを、安保理常任理事国と一致させることができれば好ましい。すなわち日独の常任理事国化である。それは非国連化されてきた時代精神が、冷戦と湾岸戦争の勝利により、軍事力を背景にした平和という点が強調されてよみがえったことでもあった。

これに対して、開発途上国、北欧などの先進国の中立系の諸国、国連事務局、NGOなどから牽制する動きが起こる。例えば北欧諸国などが示した国連平和維持活動（PKO）の非軍事部門強化の動きは、正邪を峻別して、邪に対しては妥協をせずに軍事行動をとることも辞さないとする時代精神が問い直されることなく突然よみがえったことへのアンチテーゼだったと言える（河辺一郎「PKOの非軍事要員強化をめぐる最近の動向」『INTERJURIST』No.109: 1996年8月、No.112: 1997年2月、No.113: 1997年4月、国際法律家協会）。
　軽視できないのは国連事務局の動きである。国連は本来は安全保障機関として設立されながら、軍事行動に関しては早い段階で非国連化されたために、実際には経済社会分野を中心に活動をしてきた。この結果、当然のことながら職員の80％近くがこの分野に従事している。また、GATTやUNCTADの経緯をみるまでもなく国連の諸機関はひとつの分野に複数が存在しているが、これも官僚主義の結果と言うよりも、とくに先進国と開発途上国がそれぞれに有利な機関を作ろうとしたことの帰結だった。しかしそれにしても、レーガン的な反国連姿勢を前提にしたうえで軍事面が突出して活性化したのでは、それまで確立してきた官僚機構は存在価値が厳しく問われることになる。よく言えば、国連事務局が、軍事面を重視する日米などの動きを警戒し、改めて経済社会分野の重要性を提示しようとする動き、悪く言えば国連官僚の生き残りのための動きが、活発化するのである。しばしば国連の官僚主義は強く批判されるが、その批判自体が政治的なものである面が強い。とくに日米などの政治的にも財政的にも有力な国からみれば、国連の官僚機構の力は決して大きくはない。しかし開発途上国がかつての力をなくしており、積極的な主導ができないなかでは、官僚機構のこのような動きは、現実の力以上の影響をもつようになる。
　ブレトンウッズ機関が改めて貧困に焦点を合わせたのはこのようななかでのことだった。それは、とくに1980年代に「アメリカ」をむき出しにして世界中を混乱させながら、責任を取らずにまた責任が問われずに、冷戦に勝利したことに酔いしれる米国の後始末としての面もあった。そして同時に、NGOや開発途上国からのみならず米国保守派からもその存在が問い直される官僚機構の存在証明

でもあった。

　一方、1992年の地球環境サミットを皮切りに大規模な経済社会分野の会議が続く。また国連の経済社会分野の中心的な資金供与機関である国連開発計画（UNDP）は、1990年に『人間開発報告』の刊行を始め、その1993年版において新しい概念として「人間の安全保障」を提唱し、1994年版でこれを中心的に用いた。これらのことは、開発途上国、北欧、国連事務局、NGOなどが、思惑はそれぞれに異なりながらも、国連の軍事化を警戒した結果だった（人間安全保障が提唱される経緯については、河辺一郎「人間安全保障の政治性──提唱の背景と日本にとっての意味」『立命館国際地域研究』第21号、2003年3月を参照）。

　米国などの動きと国連事務局などの動き、これは、それまで問い直されないままでいた時代精神の是非を改めて問題にするものだった。すなわち、国連の目的に具体化された時代精神はさまざまな面をもつが、そのうち安全保障、経済、社会などのどれを重視するのか、そしてとくに安全保障に関して、軍事行動を前提とした道をすすむのか、話し合いを重視する道を選ぶのか、この時代精神に欠落している問題はないのか、そのようなことが問われたのである。

　それはたんに安全保障重視か、経済社会分野重視かという問題ではなかった。20世紀のなかでもとくに戦間期に形成された安全保障観をどう問い直すのか、憲章が作られたのちに顕在化した諸問題とそれに対応する思想、つまり20世紀後半に生まれ、国連の実践の過程でその活動に取りこまれたエコロジー、多文化主義、ジェンダーなどをどう考えるのか、やはり20世紀後半に生まれ、そのあり方が必ずしも定まっているとは言えない南北問題とそれへの処方箋のひとつとしての開発経済などの問題をどう位置づけるのかなど、根本的な問いだった。

　このようななかで国連改革をめぐる議論が起きたのは当然のことだった。これは、単純化すれば、軍事力による平和を実体化させるための機構としての国連をよみがえらせようとする動きと、これに対して戦わない国連を再提示しようとする動きの対立だった。組織の効率化などが技術的に問題にされたわけではなかったのである。そこで問題になっていたのは、21世紀に向けてどのような世界をめざすのか、そしてそのためにはどのような国際機関が必要なのかということに

ほかならなかった。

　ここで成立したのが、積極的な多国間主義を掲げて大統領選を戦っていたクリントン政権だった。国連敵視政策を展開したレーガン政権の副大統領だったブッシュ・シニア大統領は一期で政権を降りることになった。「アメリカ」をむき出しにし、国際協調をその下に置いたレーガンとブッシュ・シニアの12年間の共和党政権が終わり、改めて国際協調が唱え直されたのである。1945年頃に米国で展開された議論が復活したことになる。ただし、野党となった共和党は、国連重視を掲げる政権を批判するという意味もこめて国連批判を強めた。ソマリアや旧ユーゴスラヴィアなどにおける状況から、国連には能力がないなどと主張しはじめるのである。しかし、これらの問題への対応はブッシュ政権が主導して始められたものでもあった。とくにソマリアへの米軍を中心とする多国籍軍の派遣は、大統領政権敗北後の死に体のブッシュ政権が主導して決定されており、米国国内政治を念頭に置いた関与と思われる点もある（河辺一郎「1992年以降の米国のPKO政策について」『PRIME』第3号、1995年7月、明治学院大学国際平和研究所）が、いずれにせよ国連政策は与野党の間の政争の具と化した（河辺一郎「米国の国連政策——保守派の復権と選択的関与」『軍縮問題資料』1999年4月号、河辺一郎「米国から見たNGO——旧体制からの批判」『軍縮問題資料』2000年8月号）。とくに、1993年10月にソマリアで米軍のヘリコプターが撃墜され、2名の米兵の遺体が市街を引きずり回される映像が伝えられることにより、共和党の国連批判そして政権批判は一挙に高まった。こののちの米国における国連論議は、批判のための批判と言うべき側面を強め、合理性が失われた。

　ここで問題になるのが国連ひいては多国間主義を批判するさいの理屈である。レーガン政権が国際協調を無視したさいには、国連はファシズムであるソ連共産主義の宣伝の場と化しているという理由づけで合理化された。時代精神が形成される背景にあったファシズムに対する民主主義の戦いという文脈がそのまま使われたのである。しかし今やソ連はない。国連総会が民主制を採用しているのだとすれば、それが米国の統制のもとにないからといって否定することはできない。そこで頻出するようになるのが、ならず者国家（rogue nations/states）等の言葉

であり、いわゆる文明の衝突などの議論だった。

　法を無視し、正義を踏みにじるのがならず者である。このような存在は処罰される対象であり、当然に民主制が保障する人権は適用されない。同様にならず者国家も公民権を停止され、さらに制裁を受けなければならない。具体的には経済制裁やさらには爆撃の対象となり、国連からの除名が主張されるわけである。例えば米国保守派が「IMFは国連が認めた国際的制裁の下にある国を除名すべきである」(Brett D. Schaefer "How Congress Should Reform The International Monetary Fund", *The Heritage Foundation, Backgrounder*, No. 1167, April 2, 1998) と言うように。これは、1992年に新ユーゴスラヴィアが国連の会議への出席が認められなくなることにより実現した。新ユーゴスラヴィアは1990年代に一貫して制裁を受け、さらに1999年には国連を無視した爆撃まで行われたのも、このような主張からみれば当然のことだった。それにもかかわらず、ならず者が大手をふって出席し、発言し、投票するような会合があるとすれば、それはもはや民主的ではない。つまり、国連総会は尊重すべき民主制の場ではないことになる。

　ハンティントンが文明の衝突を初めて発表したのは『フォーリン・アフェアーズ』誌1993年夏号で、それが単行本として刊行されたのは1996年だった (Samuel P. Huntington "The Clash of Civilizations?" (*Foreign Affairs*, Summer 1993), Samuel P. Huntington "*Clash of Civilizations and the Remaking of World Order*", Simon & Schuster, 1996)。またクリントン大統領が初めて「ならず者国家」を演説で使用したのは1996年の年頭演説だった。つまり、「文明の衝突」は、クリントン政権が誕生すると同時にその多国間主義が批判にさらされるようになる年に登場し、大統領選挙の年にまとめられ、クリントンは選挙を控えて「ならず者国家」を使用したことになる。ハンティントンがそのようなことを意図したか否かはともかく、少なくとも結果的には、それは米国政治のなかで政治的な意味をもった。

　そのようななかで1999年にはセルビア爆撃が国連をすり抜けて行うことができた。国連の利用価値は著しく低下し、国連が改革の対象ではなく、たんに妨害のための妨害の対象となったことも意味した。爆撃後にヘリテージ財団が発表し

た文書は、「(連邦議会は)このような無駄で管理もできていない機関に勤勉なるアメリカ人の税金をつぎ込むべきではない」と言うばかりで、国連の活動それ自体にはもはやふれることもなかった(Brett Schaefer "Congress Should Hold the Line on U.N. Reform", *The Heritage Foundation Backgrounder*, No. 1290, June 4, 1999)。また、例えば、アナン事務総長が1998年3月にワシントンを訪問し、大統領や議会指導者と会談したさいには、共和党の議会指導者が「国際的な人口計画の資金供与に関する政府と議会の間の対立が解決するまでは、滞納を支払うための資金は提供しない」と述べている(Fact Sheet: UN Efforts in Iraq Make the Case for Paying U.S. Arrears, The Bureau of International Organization Affairs, U.S. Department of State, April 7, 1998)。このように米国保守派の国連非難は、2000年の大統領選挙を控え、論理的な議論を主張するものというより一方的な価値を押し付ける非合理的なものとしての性格を強めると同時に、政争の具としての性格もより強めた。

　このようななかで成立したのがWTOだった。1964年にUNCTADが常設化されたさいに「開発途上国の間にみなぎる包括的貿易機関への願望」に言及され、20年前には新国際経済秩序の樹立が提唱されていた。しかしそれにもかかわらず、開発途上国が発言力をなくし、米国などの力が突出し、さらに米国保守派の国際機関への批判が高まるなかで、包括的貿易機関が発足したのである。それは、日独のみの常任理事国化や、ならず者国家の除名などの恣意的で露骨な国連改革の試みと連なるものだった。NGOや開発途上国からみれば、WTOはグローバル化という名の先進国による世界経済支配を補完するための機関にみえる一方で、米国保守派からみれば、冷戦に勝利し、その優越性が歴史的に証明されながら、新たにならず者国家によって脅かされている「アメリカ」の経済を損なう機関と映ることになった。

　すでに米国保守派は、「クリントン政権の(多国間主義という)判断基準では、1989年にパナマで、また1983年にグレナダで行ったような米国単独による軍事行動は起こさないことになる」(The Heritage Foundation, "A United Nations Assessment Project Study-Expanding The U.N. Security Council: A Recipe for more

Somalias, more Gridlock and less Democracy," December 23, 1993）などとして、米国が支配的な力をもつ安保理に武力行使の容認を求めることすら批判していた。当然のことながら、WTOやブレトンウッズ機関へはさらに激しい批判が寄せられた（例えば、Bryan T. Johnson & Brett D. Schaefer, "Congress Should Give No More Funds to the IMF", *The Heritage Foundation Backgrounder*, No.1157, February 12, 1998）。安保理への批判は2003年のイラク爆撃で改めて沸騰し、保守派は「安保理理事国のサダム・フセインへの譲歩は21世紀前半の最も恥ずべき出来事として歴史に書かれるだろう」、「国連は、米国が自らの安全を確保する能力を制限してはならない」（Nile Gardiner & Baker Spring "Reform the United Nations", *The Heritage Foundation Backgrounder*, No.1700, October 27, 2003）などと繰り返している。

　一方、力をなくしているとはいえ、開発途上国も発言を続けている。例えば2000年に開催された非同盟諸国閣僚会議は、その最終文書において「シアトルで開催されたWTO第3回閣僚会議の失敗は、世界経済における交渉の透明性と特に開発途上国の効果的な参加が不可欠であることの明快な合図」として、「開発途上国がWTOの参加資格を求める場合に、WTOの普遍性と無差別性を確保する見地から、いかなる政治的及び/または経済的検討も関係づけずに、便宜を図るべき」と主張している（The Movement of the Non-Aligned Movement "Final Document of XIII Ministerial Conference, Cartagena, 8-9 April 2000", paras.172 & 161）。国際機関をめぐって繰り広げられてきた加盟資格の制限と、開放をめぐるせめぎあいが、今も続いているのである。

おわりに

　国際機関は多くの問題を抱えている。だがNGOと米国保守派がともに国際機関を批判する状況は明らかにおかしい。敵対する者が直接に相手を批判しては妥協を成立させにくくなるので、あえて間に置いた国際機関を批判してそれに代え、政治的妥協を探っているのであるのならば、この状態も理解できる。もちろんそ

れも程度問題ではあるが。

　しかし、ブレトンウッズ機関の構造調整政策への批判に比べてレーガノミクスへの批判が小さいことをみると、そのようには考えられない。とくに日本においてはこのことが顕著であるように思われる。例えば、日本政府は日米安保条約新ガイドラインからイラク特措法にいたる施策を実現し、また政府開発援助（ODA）の戦略的利用を既成事実化させ、20世紀半ばに形成された古い時代精神のなかでもとくに安全保障にかかわる面を中心に置いた。そのうえで、軍事同盟としての国連の中核に自ら位置させるために、日本の常任理事国化を推進している。しかしNGOがこのことを強く問題にすることは多くなく、その一方でブレトンウッズ機関やWTOへの批判は続いている。これでは、NGOなどがどの程度問題の意味を理解しているのか、疑問がもたれる。むしろ、21世紀の世界のあり方が問われた国連改革問題を日本の常任理事国化に矮小しようとした日本政府の意図に、NGOなどは手を貸してしまった面もあるのではないだろうか。

　同様の状況は2003年のイラク爆撃においてもみられた。巨大な力をもつ日本政府が各国に対してブッシュ・ジュニア政権を支持するよう働きかけていたにもかかわらず、そのことは大きな問題とはされなかったのである。朝日新聞に関して言えば、2003年3月12日朝刊にいたってようやく「ODA武器に米を援護　日本、中間派を狙い撃ち　対イラク新決議案」として、途上国に対する日本の働きかけをまとめ、働きかけるさいには「政府内では『ODAに触れるのは常識』との声がある」と報じた程度だった。しかもその後、このような視点からの論評はほとんどない。爆撃が始められたのはこの8日後、20日だった。

　加えて3月14日にはODA大綱の見直しが対外経済協力関係閣僚会議で決められ、8月29日には閣議決定されている。新大綱は「最近、多発する紛争やテロ」にとくにふれたうえで、「我が国は、世界の主要国の一つとして、ODAを積極的に活用し、これらの問題に率先して取り組む決意」と断じている。つまり、イラク爆撃にさいして行った米国支持に向けた働きかけを強化することが表明されたのである。日米がこのような結束を示したときに、例えば国連事務総長がとりうる選択肢はほとんどない。このような状態のなかで国連の無力さが批判されるの

であるとすれば、それは本末転倒もはなはだしい。

　とくに日本では、国際機関の政治的な面の研究が十分にはなされてこなかったことも、この原因のひとつだと言えよう。また政治問題はきわめて地域性が強く、ある国で行われている政治議論をそのまま他の国へ移しても意味が小さいばかりか、時には誤解を拡大するだけであることも少なくない。もちろん国際問題に関する議論もこの例外ではない。ところがそれにもかかわらず、そのことに対する認識があまりに低いことも問題だろう。そのようなことも含めて、適切な認識にもとづく議論が起こることを望みたい。国連が誕生して60年になろうとしているのだから。

付記：本稿はとくに経済問題に焦点を当てているが、本稿を発展させ、さらに政治問題における国連化と非国連化を大幅に盛りこんだ議論を『国連政策』（日本経済評論社、2004年）において試みている。参照していただければ幸いである。

第2章
世界銀行の開発ディスコースと
ネオ・リベラル型統治性
批判的考察

原田太津男

　世界中の人びとは、ある意味で、広範囲にわたる権力構造に関与しているのであり、そうした関与の仕方は、黙従や抵抗といった形態よりも多様で複雑である。近代性を弾劾し、あるいは、コミュニティを招魂してみても、多国籍企業や世界保健機関の代表者たちを撤退させることにはならないだろう（Cooper & Packard, 1997: p.30）。

　日々の習慣や偏見を取り除くために必要とされるのは、信念、すなわち、黄金時代が人類の過去にではなく将来にあるという、サン＝シモン流の信念である。後発国において、大規模で急激な工業化を生み出すために必要なのは、感情の新規まき直し（a New Deal in emotion）である（Gershenkron, 1992［1952］ただしWatts, 1995: p.44からの引用）。

はじめに

　第二次大戦後の開発論の流れは、一般的には、3つの時期に分類できる。第一に、第二次大戦後から1970年代半ばまでの「先駆者」たちが活躍した時期、第二に、1970年代から1980年代後半にかけての「新古典派」が支配的な時期、最後に、1980年代後半から現在にいたるまでの「新制度学派」が台頭した時期である。これらは、各時期に支配的な理論潮流、その盛衰を左右した一連の国際的な出来事、そしてそれらに対応する国際開発の政策体系の観点から区分される。

「ポスト・ワシントン・コンセンサス」をふまえた現在の世界銀行（以下「世銀」）に代表される主流派の開発への取り組みは、適正な方向に向かっているとおおむね好意的に評価されている、と言ってよいだろう（速水・秋山ほか, 2003: 第二章）。

　しかしながら、開発概念そのものを問い直しつつ、開発の理論史・政策史を振り返ってみると、その評価は一筋縄ではいかない作業となる。なぜならば、世銀のような開発機関の開発理論と開発政策は、少なくとも理論・政策・組織の三面から、複眼的に検討されなければならないからである。ただし、世銀そのものの組織統治の側面を看過できないからといっても、例えば、米国が世銀組織の資金・人事・イデオロギーに与えている甚大な影響を鑑みて、世銀が米国の利害を貫徹する装置であると弾劾してみても、それはわずかに支配機構の一側面を説明するにすぎない。他方で、組織的制約（例えばIBRDの場合なら第4条10項、IDAの場合なら第5条第6項といったように、世銀の各機関は設立協定によって政治面への関与を禁じられている面など）を考慮に入れることによって、今度は世銀の開発実践を免罪する陥穽にはまりこみかねない。

　本稿のより重大な関心は、ファーガスンとともに言えば、開発／発展が、12世紀にとっての神、19世紀にとっての文明と同じく、現代の価値観の中軸を形成しているのみならず、支配的な「問題設定」、あるいは、われわれが世界の貧困地域を理解するさいに準拠する「解釈格子」を形成している、という側面に向けられている。この格子の内部では、「答え」を出すことではなく、「問いかけ」を行うことがいわば要請される。「真の」開発とは何かが問われることがあっても、残念ながら、開発そのものが疑われることはない。開発の定義が700を超えるほど生み出され、開発に付される形容詞がインフレーションを起こす（したがってオルタナティヴ開発の実質的価値は食傷気味にますます低下する）理由もここにある。現代における主流派・反対派の開発構想が実質的に収斂してしまうのも、両者が同じ数直線上に立ち並び、そのうえで程度の大小を競う「開発ディスコース」内部にとどまっているからだ。参加型開発はすでに収奪された開発モデルと化しつつある、という基本事実に、批判派は率直に向き合う時期が来ている

(Ferguson, 1994: pp.xiii-xiv; 原田, 2003)[(1)]。

　こうした状況下では、開発ディスコースの強靱さとその歴史的特殊性を明らかにするために、われわれは「開発の現象学」に、さしあたり意識的に踏みとどまらざるをえないだろう。ここでわれわれが用いるのはイデオロギーではなくディスコースという用語である。イデオロギーは、その歴史的経緯からして、しばしば観念体系や虚偽意識という意味合いを強く帯びており、イデオロギー（批判）論は、そうした「虚偽意識」を暴露し（その意味において批判し）、「真の」何ものかを問うという形式をとる。だが、本稿のねらいは、それが正しかろうと正しくなかろうと、開発ディスコースがいかなる編成をとって人びとに訴えかけ、どんな「現実」を構成し、その現実に向けてどんな実践的効果と影響をもたらしているのか、いわばその「生理学的解剖」(ibid.: p.xv) を試みるところにある。

　1990年代に台頭してきた新たな主流派の開発ディスコースは、要言すれば、制度（社会・文化）に対する関心を払いながら、ただし「殺菌された政治観 (sanitized view of politics)」(Jayasuriya & Rosser, 2001: p.393) にもとづき、それらの「経済外的な」要素を包括的に取りこみつつ、行政的・経営管理的で「脱政治 (depoliticising)」(Harris, 2001) の政策志向を推しすすめ、「反政治マシーン (anti-politics machine)」(Ferguson, 1994 [1990]) の一部として、事実上、機能している。「貧しい人びと」を含む「ステーク・ホルダー」の協調的関与を通じて、開発実践に手続き的正当性ならびに正統性を付与し、統治 (governance) の民主化と効率化をはかるのである。

　こうしたディスコースが下敷きにするのは、ネオ・リベラル型統治のライトモチーフ以外のなにものでもない。それは、貧しい人びとにコミュニティへの自主的な参加を呼びかけ、民主的で透明な統治の浸透を通じて、自らの能力開発を自己責任のもとで自主的・自律的に行わせていくという「規範的な」メッセージに集約される。「ネオリベラル国家における統治戦略は、住民を規制する直接的で強制的な戦略とともに、国家の利害と必要に対する、諸個人の自発的な追従に依拠する間接的な戦略を含むようになる。……かくして、政府を論じるにあたっては、市民は統治の受動的というより能動的な主体として、位置づけられるように

なる」(Lupton, 1999: pp.87-88)[(2)]。自由な主体の積極的な自立を通じた統治戦略こそ、現在の開発思想と体制を読み解くさいの導きの糸となる。

　本稿では、その主要な概念の検討作業を通じて、主流派開発ディスコースの全体像を明らかにするために、次のような手順で議論を展開する。第Ⅰ節では、開発ディスコースという問題設定の意義を説明し、主流派開発ディスコースの代表として世銀のそれを取り上げ、簡単な特徴づけを行う。ここでの課題は、世銀の開発ディスコースがいかに構成されているかをまずは明らかにしておくことにある。第二に、経済認識・社会認識・政治認識（統治論）の三面から、主流派開発ディスコースの理論的・思想的背景を批判的に検討する。最後に、こうしたディスコースがネオ・リベラル統治論としてどのように機能しているのかを分析し、開発/発展実践と組織の全体像に迫ってみたい。

1. 問題設定としての開発ディスコース

(1) 開発ディスコースとは何か

　多くの開発論の文献が指摘するのとは異なり、1949年のトルーマン演説（いわゆるポイント・フォー演説。正確には「低開発」の発見）をもって、現代的な開発/発展パラダイムは始まったのではない。例えば、コーエンとシェントンはその源流を19世紀の西欧思想に遡る、とみている。ワッツは彼らの議論を次のように適切に整理している。

「コーエンらの考えでは、開発/発展は、きわめて19世紀的な問題、つまり、……ヴィクトリア朝時代の意味における進歩の無秩序と分裂のなかに生まれた、一種の目的論的なディスコースである。ガーシェンクロンが指摘したとおり、サン＝シモンは、自らが抱く産業的・科学的な究極目標とつながる新たな信条、すなわち新キリスト教精神の創出に、晩年をまさに無駄遣いしてしまった。シェントンらにとって、信託統治、布教、そして信仰は、19世紀における開発/発展の試金石であった。それは、ある意味で、進歩に対する反応である」(Watts, 1995:

p.48)。

　コーエンらによれば、1845年、キリスト教と循環史観にもとづいて背信ならびに低開発を「堕落」として把握したニューマン、自由貿易システムを通じて循環史観を突破し持続的進歩を構想したスミス、他方で、19世紀の工業化や都市化が引き起こした混乱と無秩序に直面して信託統治の原則を唱えたサン＝シモン、進化による秩序形成を論じたコント、サン＝シモンとコントの影響を受けつつ、植民地経営論において自由と教育を通じた発展史観を唱えたミルたちは、現代の開発/発展論の一連の先駆者たちなのである。

　開発/発展を19世紀的課題と述べた理由として、コーエンたちは、もうひとつ、19世紀末から20世紀初頭にかけて、信託統治のもと、開発/発展と福祉を同時に追求すべしという植民地経営論が登場した事実を指摘している。現代の開発論が、参加型の開発マネジメント論を大きな柱としている点を考慮すれば、きわめて興味深い（Cowen & Shenton, 1996; 原田, 2003）[3]。

　とはいえ、開発/発展が近代化へといたる単線的な過程とみる理論が政策的志向性をもって世界規模で組織的に確立されたのは、まちがいなく第二次大戦後の時期であった。工業化と都市化という必然的な行程と物的な進歩を通じて、社会的・文化的な前進が生じるような過程として、開発/発展は理解されるようになった。戦後まもなく展開された初期開発論（初期開発経済学）の大宗は、資本形成の不足とその制約を克服する諸要素（技術、人口、金融・財政政策、近代的教育制度など）をいかにして獲得するか、といった争点をめぐって成立し展開した。そうした諸要素の形成を支援し、自らその一部をなす国際諸機関も、この時期次々と設立されていったわけである。

　しかしながら、開発/発展とは、こうした諸要素を実践的にうまく組み合わせれば、発動する状態や政策体系なのであろうか。この問いに対して、われわれは、開発/発展を可能にするディスコースの存在に注目することで答えてみたい[4]。「開発は、むしろ、こうした諸要素、諸制度、そして諸実践の間に、一連の諸関係を確立した結果、また、この諸関係をひとつの全体を形作るように体系化した結果、生まれたものであった」（Escobar, 1997: p.86）。

したがって、開発をディスコースとして理解するには、上記の諸要素に個別に目を向けるのではなく、要素間に打ち立てられた関係からなる体系に目を向けなければならない。「開発ディスコースは、その領域にある一連の達成可能な目標によって構成されるのではなく、この一連の諸関係のおかげで、それが語る対象を体系的に創出し、しっかりとそれらをまとめあげ、編成し、独自の統一性を付与することができる方法によって構成される。こうした体系こそが、対象、概念、そして戦略を体系的に創出することを可能にする。それが許す範囲で、われわれは何を考え、語ることができるかを決定することができるのだ。（諸制度、社会──経済的諸過程、知識の形態、技術的要因等々の間でうちたてられる）こうした諸関係にしたがって、対象、概念、理論、そして戦略がディスコースに統合されうる諸条件も定義される。要するに、諸関係の体系が、ゲームのルール（誰が、どんな観点から、どんな権威をもって、どんな専門的な基準にしたがって、語りうるか）を決める広範な諸実践を確立する。それが、あれやこれやの問題、理論、そして目標のために従わねばならないルールを、また、命名し、分析し、したがって政策や計画を変更するルールを決めるのである」（op.cit.: p.87）。

　こうしたディスコースの内部でこそ、「問題がたえず特定化され、開発の依頼主のカテゴリーが生み出される」。例えば、貧困（者）は、その意味で、開発ディスコースのなかで構成されたカテゴリーである。われわれはそうした概念が「現実」の貧困者の「写し絵」であるという立場をとらない。「開発が前進したのは、（『識字能力のない』『低開発の』『栄養失調の』人びと、『小農』あるいは『土地なし農民』といったような）『異常』が創出されることによってであった。開発は、こうした人びとをいったん創出してから、癒し、変革する」（op.cit.: p.88）。

　われわれの批判は、まず開発ディスコースの機能の発見に向けられなければならないが、それは容易ではない。というのは、われわれは、良心的であればあるほど、こうした開発ディスコースの内部で貧困を発見し、その支援を疑いようのない道義的な価値あるいは使命として受け取るからである。しかも、現在のネオ・リベラル型統治戦略は、世銀のものであれ「オルタナティヴ開発」のもので

あれ、こうした「知の権力」に支えられて、現に発動している。のちに検討するように、市場の放任と自然状態に依拠するリベラリズムと違って、開発の現実が構築された（されねばならない）ものであり、市場を取り巻く制度の意図的な設計によって、開発の統治環境を構築するというのは、ネオ・リベラリズムの基本路線である。したがって、開発実践の評価には、ここで指摘された開発のディスコース分析だけではなく、他面で、自己への倫理的な配慮にもとづく自由な自己の形成というネオ・リベラル型統治性の論点をふまえた実践的検討が必要となる。われわれは、こうした制約を念頭に置きながら、いましばらくは、ディスコースのうちに実際に立ち入った検証を加えていくことにしよう。

(2) 世銀の開発ディスコースとその分析視角

開発産業の成立

　世銀のような巨大開発機関をディスコースの面からとらえるとき、忘れてはならないのは、それが有している巨大な組織構造であり、その維持を可能にしている「開発産業」のあり方であり、さらにそれを取り巻く（米国を中心として編成される）国際的な政治力学である。米国の保守派からは組織の存在そのものが、国連貿易開発会議（UNCTAD）をはじめとする他の国際機関からは貧困削減戦略文書（PRSP）などの貧困削減政策の有効性が疑問視されており、イギリスの政界の一部からは別組織の提言がなされ、また、世銀の政策に批判的なNGO（非政府組織）たちの運動が高まる一方で、そうした運動家の承認を気にかける新たな「承認文化」の台頭に対して世銀内部関係者の不満が募る、というように、世銀は、ステーク・ホルダーからの圧力に抗しながら、組織の存亡をかけて理論と政策の改善に追われる状況にある（速水ほか、2003: 第5章）。

　ところで、世銀に代表される国際援助機関がもつ組織的拘束に関しては、自らの現場経験をふまえながら、ディヒターが興味深い指摘を行っている。彼の批判的な視線は、何よりも歴史的な開発産業の成立に向けられている。戦後の大国が使命感にかられて責任と透明性を当然のように追求した結果、開発援助は組織化された。しかしながら、こうして「組織化された開発」はまた別のモデルに暗黙

裏に適合するようになった。つまり現代の企業組織のモデルである。それには、2つの副次的効果がともなった。ひとつは、会計、人事、意思決定といった組織一般が構造的に要求する命令体系が存在するようになったということ。第二に、企業組織と同様、ステーク・ホルダーの利害を促進し実現すべく、業務は行われるということである。

　開発援助組織は、政策の結果について、「顧客」としての貧しい人びとについて、そして効率と説明責任について語るが、説明責任を果たすなかで、組織はいっそうの専門化をすすめる。企業組織と同様、自らの教育制度、雑誌、団体、そして用語法をもつようになる（Dichter, 2003: pp.5-6）。

　本来ならば長い期間をかけてもよいはずの開発/発展事業が、短中期のプロジェクトやプログラムに支配されることになった背景のひとつは、途上国が公的資金ではなく民間資金にますます依存を高めている傾向に根ざしている。1983～1988年の間では、公的資金の準流入が290億ドルだったのに対して、民間資金はまだ151億ドルであった。この流れは、1989～1995年になると逆転し、前者の60億ドルに対して、後者は72億ドルへと増大したのであった。こうした傾向は、開発産業内部における外部資金獲得競争、「目に見える」短期的な成果の追求、翻って組織内部のさらなる専門化を後押しした（ibid.: p.108）。

　こうした競争は、開発産業の用語法と立ちふるまいがますます企業と同一化する圧力の源泉となった。例えば、1996年以降、世銀は「顧客と依頼人（customer & client）」という用語を用いはじめたが、あるNGOが揶揄するところでは、世銀関係者は「まるで自分たちのブランドがダンキン・ドーナツででもあるように、『われわれの国際的なアイデンティティの利益を最大化する』」と口癖のように言っていると言われる。「今日、実際には、あらゆる開発援助組織は競争について話し（そして懸念し）ている。ほとんどみなが同じ産業内の相手に対して競争優位をえる方法を追求している」（ibid.: p.182）。

　こうした用語法には、3つの概念上の罠が潜んでいるといってよい。第一に、開発において「顧客」は存在しない。繰り返し援助を求める貧しい国の存在を援助機関が求めているなら話は別だが、開発における「顧客」とは、そもそも反開

発/反発展的なものである。第二に、他の企業とは異なり、開発機関は、製品やサービスを「売る」ために存在しているのではない。最後に、企業は自社製品の「需要」を継続的に評価するものであるが、開発産業にとっての需要とは、他の財やサービスとは異なり「市場を通じてフィードバックされる」仕組みをもっていないはずである。実際、レトリックのなかにしか、こうした需要は存在しえないものである（ibid.: pp.182-184）。

米国の影響

　世銀の組織改革は、1997年のストラテジック・コンパクト採用後も、ますます盛んに議論されつづけている。ドイツの世銀上級研究員ドイッチャーによると、過去8年間、世界的な規模での貧困削減に向けた取り組みは、同時に、世銀のビジネスモデルの改革をも要請してきた。世銀総裁ウェルフェンソンが訴えかけつづけているように、年間9000億ドルが軍事費に費やされている一方で、3500億ドルが補助金に、570億ドルが開発協力に費やされているにすぎない。ミレニアム開発目標を達成するにも、現在の非効率なガバナンスを改め、機構改革が必要である。世銀は国際通貨基金（IMF）と開催した2003年春の会議で、その目標の達成には1000億ドルが必要であることを主張した。機構改革の鍵として、理事会（Executive Board）と運営部門との非効率的な関係の改善、大国が支配する設立協定の見直し、他の国際機関（IMF、地域銀行などの国際金融機関）との一貫した政策形成などがあげられている。米国の好む二国間協議が、テロや貧困の問題解決に寄与するとは思えない。多国間協議の場として、また（米国のディスコースの支配にあるという批判もあるが）知識銀行として、世銀は重要な役割を今後も果たしつづけるだろう、と（Deutscher, 2003: pp.336-339）。

　こうした内部関係者の議論ですらしばしば言及されるほど、世銀に対する米国の組織的・知的影響力は大きいわけであるが、これについては、いくつかの理由がある（Kapur, 2002: pp.64-67）。

　ひとつには、米国は、基軸通貨国としての「構造的権力」を背景にした金融的手段を駆使しながら、世銀への出資・資金運用・返済条件などに干渉している。

第二に、低開発諸国は言うまでもなく、日本やヨーロッパなど他の大国も低姿勢であり、他のステーク・ホルダーからの対抗圧力がほとんど存在しなくなっている。米国が好む二国間交渉が横行する理由もここにある。
　第三の理由、米国の優位が「ソフト・パワー」（J. ナイ Jr.）から生じているという点は、とくに注目に値する。
　世銀の事例でみると、2つの主要市民アクターである学者とNGOのそれぞれを通じて、米国は影響力を行使している。「経済学は世銀が太鼓判を押す学問分野になったようだ。研究同様、世銀の業務に深く関与している経済学者は、多様な国々から雇用された。しかしながら、かなりの程度、彼らは英語圏の、とりわけ米国の経済学大学院の卒業生である。世銀のコンサルティング、研究、技術援助、そしてアジェンダ・セッティングは、この事実を組みこんで稼動しているため、……こうした制度における米国の役割は強化されたのである」（Kapur et al., 1997: p.4 ただし Fine, 2002: pp.209 からの引用）。
　知識銀行、情報仲介機構として、近年自らの主要な役割のひとつを定義づけている世銀は、途上国のデータを収集、創出、そして正当化し、承認する業務を行っている。世銀は、いわば「開発界のムーディーズ」として、途上国経済を格づけし、それの経済運営の優秀さを保証するわけである。こうした業務に従事する経済学者を他の国際機関に比べて多数雇用し、またデータ、金融資産、そして人的資源を掌握している世銀の研究部門は、途上国研究の分野では、他の追随を許さない規模を誇るにいたった。こうした研究スタッフが米国で高等教育を受ける機会はますます増大しており、米国を基盤とする一連の学者、シンクタンク、そしてNGOまでが世銀の主要な政策形成に強い影響力を行使しているわけである。
　「開発経済学に対する世銀の影響力を分析してみると、世銀の規模こそがその独自の地位をもたらしているということがわかるにちがいない。800名の専門的な経済学者を雇用している。この陣容をみれば、開発経済学に携わる他のいかなる大学の学部や研究所も小さく見える。世銀には、そのうえ3000人以上の専門家が存在する。世銀の貸し付けプログラムの規模（年間150億ドルから200億ドルのレベル）のゆえに、世銀は借り入れ国の施行と政策に対して、かなりの影響

力を行使できる。開発経済学者の数、研究予算、そして貸し付けからのレバレッジの重要性がもつ意味は、世銀の潜在的な影響力が甚大なものであり、開発経済学の世界における多数のかなり平等なアクターのひとつにすぎないというようには理解できない、ということである」(Stern & Ferreira, 1997: p.524 ただしFine, 2002: p.205からの引用)。この点は、NGOについても同様である。ワシントンベースのNGOが実際の政策に及ぼす影響にはもちろん功罪両面があるが、自国の政策的関与に強い関心を抱いている点は否定できない[5]。

理論面——制度と「社会的なもの」の復権？

世銀の近年の開発戦略は、貧困削減を基軸に据えた政策体系からなっているが、その基本認識は、貧困者を筆頭に、市民社会のステーク・ホルダーたちが民主的な統治を通じて貧困問題に取り組む、といったイメージに集約できる[6]。以下では、制度、コミュニティ、市民社会、ソーシャル・キャピタルの順に、世銀の定義を確認しておきたい。

①制度

世銀が貧困削減と制度の関係をどうとらえているか、『世界開発報告2000/2001年度版：貧困への挑戦』と『同2002年度版：市場にむけた制度構築』の要点にしぼって、追跡しておこう。

『貧困への挑戦』では、第二章「貧困の原因と行動の枠組み」において国家の公的制度が不十分で、貧しい人びと向けに機能していない一方で、非公式的な制度が彼らにとってもつ重要な役割が指摘されているが、それ以上に注目に値するのは、第七章「社会的障壁の除去と社会制度の構築」である。ここでは社会制度が、貧困削減に対して功罪あわせもつ仕組みとして、具体的には「血縁システム、コミュニティ組織、そしてインフォーマル・ネットワーク」として理解されている。社会制度は「経済資産の生産性リスク対処の戦略、新たな機会追求の能力、そして特定の意志決定がなされたときに誰の声が聞こえてくるかの程度」に影響を与え、それに応じて貧困という結果をもたらす。とくにジェンダー、エスニシティ、人種、宗教、あるいは社会的地位に関する差別が、社会的障壁となって、

貧しい人びとが利益追求に必要とする機会や資源へのアクセスを左右するとみられている（WDR, 2000/2001: p.117）（なお、社会制度を「ソーシャル・キャピタル」の形態と次元として理解することが有益とされているが、この点については別途後述しよう）。

これに対して、「市場の発展を支持する制度構築を行う人びと」をテーマにしているのが、2002年度版である。2000/2001年度版が「市場に対する貧しい人びとの参加を強調している」のに対して、2002年度版では「成長を支援する制度と、多くの経済活動から取り残された貧しい人びとのアクセスに直接影響する制度の双方」を議論し、「人びとのための機会を提供し、彼らをエンパワーする制度」を考察する。ここでは、「成長とアクセスを促進するために、制度が何をするのか」を分析することによって、また「いかに効率的な制度を構築するか」を指摘することによって、前年度版の限界を超えるものである（WDR, 2002: p.4）。

2002年度版の「Box1.2: 制度とは何か（What are Institutions?）」では、本報告書におけるさまざまな制度の定義があげられている。制度とは、ここでは基本的に「諸規則、強化メカニズム、そして諸組織」を指す。2002年度版報告書は、「市場取引を支える諸制度」を考察する目的をもつ。「目標や望ましい成果をめざす政策」とは異なり、制度は、「エージェントが相互作用するさいの行動規範を含む諸規則」（ノースの言う「ゲームのルール」）を意味しており、望ましい結果を実現するために、諸規則や行動準則を行使する諸組織のことを指している。政策はどの制度が進化するかに影響するが、制度もまたどの政策が適用されるかに影響を及ぼす。同様に、制度構造は行動に影響を及ぼすが、行動もまた既存の制度構造のなかで変わりうるのである。制度の施行に当たっては、内的・外的なメカニズムが存在する。効率的な制度は『インセンティヴ適合的』なものである。また、こうした制度には、公式的なものと非公式的なものがあり、ともに取引を促進する役割を担うが、とくに途上国では非公式的な制度が占める重要性が大きい（ibid.: p.6）。

②コミュニティ

世銀のホームページから、開発の諸課題（Topics in Development）、参加と市

民管理（Participation & Civic Manegement: PCM）をへて、コミュニティ主導型開発（Community Driven Development: CDD）に行くと、コミュニティに関する世銀の基本的な定義と政策原則が明らかとなる。

このPCMは、まず「ステーク・ホルダー、とくに貧しい人びとが、主要な状況、政策形成、資源分配そして公共財とサービスへのアクセスに対して影響力をもち、支配力を共有する方法とアプローチを促進するものである」ことが謳われている。CDDは、貧しい人びとを貧困削減のターゲットとするかわりに、彼らとその制度を「開発過程の主導者、協力者、それを土台に構築を行うべき資産」として取り扱う。CDDは広義には「コミュニティ集団に対して意志決定と資源の支配力を与えるもの」であり、その枠組みのなかで、参加、コミュニティ、資源管理、良き統治と分権化が結びつく、とされる。その「コミュニティ・グループ」とは、選ばれた地方政府、民間部門、NGO、中央政府の代理機関を含む、需要に応える支援組織、サービス供給者のことを指す。CDDはまた、社会的あるいはインフラ・サービスを供給し、経済活動と資源管理を組織化し、貧しい人びとをエンパワーし、統治を改善し、そして最貧層の安全保障を強化する方法でもある、という。

③市民社会

ところで、市民社会についても、同じく世銀のウェブサイトから確認しておこう（この場合、「開発の諸課題」から「市民社会」を選べばよい）。世界中における市民社会の成長を国際開発上の重要なトレンドとして認めたうえで、世銀はまず「政府、企業組織と市民社会組織（Civil Society Organizations: CSO）が、貧困を削減し、持続可能な開発を達成する最も効率的な方法のひとつであるとますます理解されるようになっている」と述べる。NGOが1990年の6000から1999年には2万6000まで増えたことからもわかるように、国際開発援助に占めるCSOのウェートは高まってきた。こうしたCSOには、NGO、労働組合、宗教系組織、先住民族運動、各種財団が含まれており、世銀の活動を批判的に監視し、政策対話から、現場レベルで世銀との積極的な協力まで、幅広い活動に取り組んでいる。具体的には、森林保護、エイズワクチン、農村貧困、マイクロクレジッ

ト、インターネットの開発にいたる業務で、世銀と活発なパートナーシップを組んでいる。

　こうしてみてみると、世銀がコミュニティや市民社会と言うさいには、実際のところ、「開発業務の具体的なパートナーとしての諸団体」のことを総称しているにすぎない。それらの団体が政府系組織・企業を含むさいには、コミュニティと言い、民間団体のみからなる場合は、市民社会と呼ぶ、というのが使い分けの基準である。この理解自身に大きな知的意義や前進があるようには思われないが、にもかかわらず、世銀がこうした用語法に固執するのは、言うまでもなく、こうしたパートナーシップが開発業務の効率化と手続きの正当性と深くかかわっているからである。この点については次節でその背景を詳細に検討するとして、もうひとつの重要な鍵概念、ソーシャル・キャピタルについて、みておくことにしよう。

④ソーシャル・キャピタル[7]

　世銀によれば、ソーシャル・キャピタルの定義には狭義と広義の2つがある。狭義には、「人びとの間にある一連の水平的な結合（association）」を指し、協働と協調を促進する。こうした社会的ネットワークと連合のための規範は、コミュニティの生産性、福祉の向上に役立ち、コスト削減効果を通じて生産性一般の向上にも寄与する。他方で、ソーシャル・キャピタルは、「ダーク・サイド」という負の側面をもつ。孤立した、そして偏狭な集団やネットワークをもち、犯罪組織においても機能し、経済社会的発展を阻害しうる。

　広義には、ソーシャル・キャピタルは、こうした水平的な結合だけでなく垂直的な結合も含み、長短併せもっているものとして理解される。コミュニティに一体感や共通の目的を付与するには水平的結合が必要だが、そのさいも、多様な社会的分断をとりむすぶ「架橋（bridging）」的結合を欠くと、狭隘な利害追求の基礎となり、情報や物的資源へのアクセスを排除してしまう。

　先に取り上げた『世界開発報告2000/2001』においては、こうした水平と垂直といった二分類とは別に、ソーシャル・キャピタルがコミュニティ内ならびにそれらの間にある3種類の次元として理解される。結束（bonding）、架橋（bridging)、そして連携（linking）である。結束とは、同じ人口構成上の特徴を共有する手段間で強く働く「強い絆」のことを意味する。架橋とは、エスニシティや職業が異なる人びとを水平的に結びつける「弱い絆」である。最後の連携とは、政治的・経済的地位の相違のもとに置かれた人びとの間の垂直的結合のことである。ケララの事例などをふまえながら、貧困削減には、連携的ソーシャル・キャピタルの役割（外部者の適切な参加）を重視するべきである、というのが、報告書の主張であった（WDR, 2000/2001: pp.128-130）。その計測については、さまざまな推計と指標が用いられ、現在も精緻化と開発がすすんでいる。政府に対する信頼、投票行動、市民団体における成員資格、ボランティア活動に費やされる時間などがソーシャル・キャピタルの具体的な指標となる[8]。

2. 主流派開発ディスコースの特徴

　前節で確認したとおり、「ポスト＝ワシントン・コンセンサス」にもとづく世銀の開発理論は、1980年代の市場偏重型の開発政策の反省にもとづいて、「非市場的な要素」に目を向け、積極的に民主主義的な制度構築に取り組むようになったと言われている。現在の主流派開発ディスコースは、①新制度派経済学を基軸とする経済・市場認識、②コミュニタリアン的市民社会（ネオ・トクヴィル主義的自発的結社）論を下敷きにした社会認識、③植民地経営論と組織開発論を源流とする開発マネジメントとしての政治・統治論を3つの柱とする複合体として整理することができる。本節では、この3つの柱に批判的検討を加えていくことにしよう。

(1) 市場・情報・制度——新制度派的経済認識

　新制度派経済学とは、ノースにしたがえば、新古典派経済学の基本的な仮定、すなわち「希少性と競争、つまりミクロ経済学を特徴づける選択の理論としてのアプローチの基礎」を堅持しつつ、新古典派を制度と切り離してしまう「道具的合理性」を放棄する試みである。新制度学派は、これにかえて、まず、「情報の

不完全性」と人間の認識・情報処理能力の限界を指摘し、経済取引にともなう「取引コスト」を見出すことによって、完全情報下にある「経済人」の仮定を修正し、市場とは異なる企業組織の存在を理論的に位置づけることに成功した。「合理性の仮定を修正するのに加えて、新制度学派のアプローチは、決定的な制約要因として制度を付け加え、制度と生産コストを結びつけるものとして取引コストの役割を分析する。それは、経済理論を拡張して、思想やイデオロギーを分析のなかに統合し、経済パフォーマンスの決定的な要因として、多様な経済パフォーマンスの源泉として、そして『非効率的な』市場の説明として、政治過程をモデル化するのである」(North, 1995: p.19)。

経済と政治（制度）変化を理解するにあたっては、まず、制度（institutions）と組織（organizations）の区別が重要となる。前者は、ある社会の「ゲームのルール」を意味し、各種の公的な法や規制、非公式的な慣習、行動規範を含むものである。後者は、一群のプレーヤー、共通の達成目標をもった個人の集団を指し、具体的には、政党などの政治団体、企業などの経済団体、市民組織などの社会団体、学校などの教育団体を含むものと定義される。

こうした定義にもとづいて、制度変化について、次のような一連の仮説が導き出される。すなわち、①希少性のもとでの競争を通じて、こうした制度と組織が織りなす相互作用こそが制度変化の主要な要因である、②組織は競争を生き抜くために、技能と教育投資を行わざるをえないが、その結果、個人や組織の認識は進化し、こうして行われる選択が漸進的に制度を変化させる、③制度にしたがわないと、最大の報酬を得るための知識や技能は得られない、④プレーヤーの心理的構築物から認識が得られる、⑤規模の経済、補完性、制度配置のネットワーク外部性によって、圧倒的に漸進的で経路依存的な制度変化が生まれる（ibid.: pp.22-23）。

政治制度の変化については、どうだろうか。①自己を永続させたいという利害を有する組織によって支持されないかぎり、政治制度は安定しない、②改革の成功のための制度と信念体系を変化させることが重要である。というのも、個人の心理モデルこそが、選択を形成するからである、③新たなルールを正当化する行

動規範は、大変長期に進化を遂げる過程であるが、そうした強制的な規範がともなわないかぎり、政策は不安定化する、④独裁体制のもとでも経済成長は短期に達成できるが、長期の経済成長には、法というルールや市民的政治的自由の保護が同時に発展しなければならない、⑤非公式の制約（行動規範、慣習、そして行動規則）は、かりにそれが整っていても政治体制が不安定化したりすることは避けられないが、経済発展にとって必要条件ではある。信念体系の変化とその結果生じる非公式の制約については、いまだに研究が十分蓄積されていない。⑥制度を所与とする静態的な分配的効率というより、むしろ適応的効率こそが、政策の主導理念となるべきである。実際の長期にわたる経済成長の成功は、経済システムに対するショックとともに技術や人口の進化にも柔軟に適応できるシステムの構築にかかっているからである（ibid.: pp.25-26）。

　ベイツによると、ノースがこのように整理したような新制度学派の基本仮説と重要性は、合理的な個人の選択が必ずしも社会的な合理性に帰結しない（「社会的ジレンマ」）がゆえに、それを克服するために制度が必要となる、と考えるところにある（Bates, 1995: p.299）。言いかえれば、生産の外部性、公共財、情報の不完全性などから生じる「市場の失敗」の解消には、所有権、契約、ガバナンス構造といった一連の制度を必要とすると発想するわけである。

　新制度学派は、制度の問題を扱いうる経済理論を武器に、理論と政策の両面において、途上国経済に対する関心と関与を深めていった。理論的には、シェア・クロッピング契約をはじめ、取引コストを基準にした民営化の是非、「フリーライダー」排除にかかわる国家介入、「モラルハザード」と国際援助の問題などが論じられた（Toye, 1995: pp.56-60）。さらに、途上国経済における家族制度に関連して、市場を基礎とする保険制度が欠如する条件下でいかにリスクをプールするか、不完全な資本市場あるいは所有権制度のもとで、いかに社会的な貯蓄制度や独特の家族制度を生み出したか、さらに公共財を供給する効率的な国家が存在しない状況下で、宗教団体や革命政党がいかにそうした機能を代替するか、などといった一連のテーマが取り上げられた。政策面では、国家のなかに完全に集権化されるのでもなく、市場のなかに完全に分権化されるのでもない制度の役割に

焦点をあてながら、エージェントの役割に注目した。こうした主張は、実践的にはNGOによる開発プログラムへの関与を後押しすることになる。マクロ・レベルでは、とりわけ民主主義と経済成長の関係に強い関心が寄せられた（Bates, 1995: pp.35-36）。

ベイツもトーイもともに、新制度学派の弱点を、制度変化の背景にある政治力学の分析が貧弱である点に見出している。実際、政治力学を経済学の範疇外にあるというなら、制度の経済学は、制度を分析できないことを告白しているに等しいことになるであろう。ベイツによると、新制度学派が看過したのは、制度が選択と言うよりむしろ強制によるものであり、また制度の選択は既存の制度のもとで生じるのであって、国家権力に裏打ちされて、はじめてエージェントは自発的な資源の移転を実行することができる、といった決定的な事実であった。新制度学派の主張する自発的な選択それ自体が、構造のなかで生じるものである。社会的ジレンマの解決が非市場的なかたちで行われた場合、他人を犠牲にして自己利益を得る人が現れるが、これは経済分析ではなく、政治分析の問題である。新制度学派は、自らの課題をまっとうするには、政治の問題に向き合うことで政治経済学になるよりほかはない。これがベイツの批判的結論であった（Bates, 1995: pp.46-47）。

トーイも同じく「政治的移行コスト」を考慮しないかぎり、取引コストという概念を政治制度変容の分析に応用したとしても、分析は不十分であるとして、政治分析の難点を指摘している。他方で、理論的に取引コストを経済分析に導入することに成功しても、依然として市場は非効率にとどまる事実が存在する、と述べて、経済分析としての不十分さも指摘する。彼らに見逃されているもうひとつの残差要因は、「歴史」である。歴史は、純粋な偶然、階級構造、文化的に形成された期待などの分析に、特定の概念が有効かどうかを試す試金石なのであり、詳細に分析されるべき特殊で包括的な概念である。アロー＝ドブリュー流の枠組みから、方法論的個人主義の仮定と、静態的な均衡概念に対する関心を依然保持しつづけている新制度学派もまた、結局のところ、静態分析の枠組みのもとで経済理解にとっていかに動態と進化が重要であるかを強調する羽目に陥ったマーシ

ャルのジレンマをいまだに乗り越えられてはいない（Toye, 1995: pp.64-66）。

　新制度学派は、「合理的な個人が、個人的に合理的な行動の限界に直面した結果、新たなインセンティヴを生み出し、あるいは新たな制約を課することによって、こうした限界を乗り越えることを可能にする制度を生み出す」といった中心的な仮説にもとづいているかぎり、現実に制度化された市場を経験的に分析するには、切れ味の鈍い道具でしかない。それは、理論的な一貫性と経験的方法論の展開の双方に難点を抱えている。その結果、理論的には、「既存の制度が取引コストを最小化するのは、取引コストの最小化が制度の機能だからである」という一種のトートロジーに陥っているとすら言えるのである（Harris *et al.*, 1995: p.4, p.7）。

　ファインは、こうした「ポスト＝ワシントン・コンセンサス」に特徴的な経済理解とそこから生じる機能主義的な社会認識の限界を的確に要約している。つまり、ポスト＝ワシントン・コンセンサスは、市場の不完全性の存在とそれを取り扱う非市場形態としての社会的なものの役割を強調する。換言すれば、社会的なものは、別の（非市場的）手段による経済的なものである。この見方からすると、社会的なものは、経済政策を確実に実行可能にし、非市場形態によって市場の不完全性が処理されるように、政策設計されるべき操作対象となる。この枠組みのおかげで、経済学者は社会的なものに取り組めるのであり、翻って他の社会科学者の議論も経済学者にまじめに取りあってもらえるようになる。だが、結果的には、経済的な権力、利害関係、構造、そして発展傾向といった諸要素は、社会的な追加要素として導入されうるにすぎない。経済分析と社会分析を世銀の研究アジェンダのなかに統合しようとする試みは、歓迎されるべきであるが、とくに自らの経済分析それ自体を疑問視することができないかぎり、依然として不適切なものにとどまるだろう（Fine, 2002: p.204）。

　ファインの批判は、政治・経済・社会領域の全体的な関連づけ、つまり社会科学の根本にかかわる方法論上の課題を提起しているとも言えるが、さしあたりここで注目しておくべきは、こうした新制度派の経済認識は、独特の制約を有した社会認識に必然的に依拠することになる、という論点である。経済、正確には市

場の効率的な作動の条件として理解される（世銀の）社会認識は、前節でみたとおり、きわめて機能主義的なものにみえた。続けて、社会認識の背景と構成について精査する必要がある。

(2) ソーシャル・キャピタルと市民社会
──コミュニタリアン＝ネオ・トクヴィリアン的社会認識

すでにみてきたとおり、世銀の「社会的なもの」と制度の理解は、市場補完的な理解が強く、きわめて機能的な理解にとどまっていた。しかしながら、開発ディスコースにおける「社会的なもの」の復権には、もうひとつ見逃すことのできない背景がある。それは、コミュニタリアンあるいはネオ・トクヴィル主義に依拠する特殊な社会認識、自発的結社の強調という側面である。筆者のみるところ、個人の自律と小コミュニティの復権という価値命題を機能主義的な集団論に巧みに接合する基礎が、ソーシャル・キャピタル論にほかならない。

市民社会

市民社会論の定式化は、古典古代にまでさかのぼることができるが[9]、近代において市民社会の先駆的な定式化を行ったのは、スコットランド啓蒙の思想家、アダム・ファーガスンであった。彼によれば、市民社会とは「文明」の領域に属し、特化あるいは「分業」にもとづく生活水準の向上を意味した。彼は、市民が「文明化」するにつれて、確固たる「市民」ではなくなっていくことを恐れていた。市民社会はこうして近代性のあらゆる利点をもたらすが、個人を多様な利害にもとづく文明の喜びと洗練化に没頭させてしまうために、自らの自由を守るために共通の大義名分のもとに団結しようという意志は怪しくなり、社会的分業そのものの存立基盤をゆるがしてしまう。近代市民社会論の大成者の一人、ヘーゲルは、これと同様の懸念を抱き、家族と市民社会の矛盾の解決手段として、国家を位置づけたのであった。

20世紀の市民社会論に影響を及ぼしたのは、グラムシの市民社会論である。市民社会の中核における闘争は、国家のなかに具現化する支配階級の支配に被支

配階級が抵抗する領域をもたらす、とする彼の定義は、分析の、というよりも論争の道具として、既存の政治経済秩序に対するオルタナティヴとして、市民社会概念を用いるものであった（Edwards & Forley, 2001: p.2）。

　市民社会概念は、その時代、その場所の支配的権力に抵抗する社会的自律性のプロジェクトを具現するものとなった。したがって、時代と地域によって、その用法は微妙に異なるものとなる。ラテンアメリカ、西欧、世銀にいたるまで、定義は多様である。こうした概念上の混乱は、多くの市民社会のバリエーションから生じたが、と同時に、あまりにその応用範囲が歴史的にも地理的にも広がったために、結果的に、今度は市民社会とそれと並列される諸部門（「国家」と「市場」）を理念型として扱いたいという誘惑もまた生まれることになった。

　市民社会は、機能の観点からみれば、ネオ・トクヴィリアンが強調する、市民としての「社会化の機能」、第三セクターやボランティア部門に現れる多様な「公的（あるいは準公的）機能」、そしてヨーロッパやラテンアメリカで重視される反国家的な自立性を重んじる「代表的あるいは論争的機能」という3つの役割をもっている。左翼であれ右翼であれ、どの機能を重視する政治的立場に立つにせよ、活力あふれる市民社会の賛同者たちに共通しているのは、国家の行動に対して民間のイニシアティヴを重視し、国家権力の最悪の濫用と失敗を未然に防ぎうると考えている点である。見方が分かれるのは、民間企業に対してである。ヨーロッパの左翼は、国家企業の権力の双方に対して解毒剤の役割を果たすと考えているが、米国の保守派は公的機能の民営化と市民社会内での企業運営を促進することに前向きである。リベラルは民間のイニシアティヴを継続的に刺激し支持し資金援助する国家の役割を重視する（ibid.: p.5）。

　ネオ・トクヴィリアンのリベラルと保守派が意識的に目を向けようとするのは、政治的な意見表明や行動である。なぜならばそうした政治的関与は、不和を生じさせたり、たんに的はずれであるとみなされたりしているからである。この点で、東欧とラテンアメリカで発展した第三の機能を重視する立場、つまり「新しい多元主義」を追求する政治的な市民社会論とは、袂を分かつのである（ibid.: p.6）。

コミュニティ

　ところで、そうした政治的な市民社会論に与しない潮流のよりどころとなるのが、コミュニティ論である。「最も重要なことは、社会組織に関するおそらく他のあらゆる概念（state, nation, society など）とは異なり、コミュニティという語が好ましくないものとして用いられることは決してなく、どんな積極的な対立語も類似語も決してもたないように思われるということである」（Williams, 1983 [1976]: p.76）[(10)]。

　コミュニティという用語の発展史は、ある意味で、近代における社会認識の縮図を提供する。ベネディクト・アンダーソンは、周知のとおり、ナショナリズムを「想像の共同体（imagined communities）」としてとらえ、その情動喚起的な側面から、人びとを戦争へ動員し、運命共同体的な死のモチーフがナショナリズム成立と展開にとって必要不可欠であることを活写したが、コミュニティの情動喚起あるいは感情動員的な側面こそ、後にみるとおり、ネオ・リベラルのディスコースにおいて、コミュニティが道徳的な領域として、個人の自律と責任を支援する役割を果たす背景に潜むものなのである。ここでは語源的な流れをおさえておくことから始めよう。

　コミュニティとソサエティを分け隔てるのは、現代では、前者が「対面的」で親密な人間関係を意味するのに対して、後者にそうした意味合いはない、というところにある。ソサエティも語源的にみれば、生き生きとした具体的な人間関係、つまり「交際」や「同胞」のことを指していたにもかかわらず、である。後者は、いまや主として、相対的に大きな集団における制度や関係を示す最も一般的な語として、また、そうした制度や関係が形成される条件を示す抽象的な言葉として用いられるのを通例としている（Williams, 1983 [1976]: p.291）。

　「社会の階層的な秩序」という意味から派生し、特殊な階位を有した特殊な主権をもつ団体（association）を意味した国家（state）と対立的に発展してくるにつれて、社会（society）は「自由人の連合」を、国家は「権力組織」を指すようになった。市民社会は、社会秩序の同意語であった。この新たな秩序を模索するなかで、18世紀には社会（society）は、国家と区別されて抽象的な意味合いを

獲得していった。19世紀までに、社会（society）は、はっきりと社会改革者といったような用法を許容する「客観的な」用語となった。と同時に、人間と社会、個人と社会といった対立の構図が立ち現れてくる。コミュニティは、現代においては、直接的な共通関心の意味で、あるいは、多様な共通組織を具体化したものとして用いられる（ibid: pp.293-294）。

現代的文脈におけるコミュニティの意義について、その本質を教えてくれる適任者としては、エッツィオーニをおいてほかにない。「コミュニタリアンは、個々人がコミュニティを必要としている、と提言する。コミュニティは、国家の侵害から彼らを守り、権威に対する恐怖にもとづいて政府規制を打ち立てることによってというよりは、むしろ血縁、友人、近所の人びと、そして他のコミュニティのメンバーの穏やかな肝煎を当てにすることによって、道徳心を保持する」（Etzioni, 1993: p.15）。

さらに端的に「コミュニティは、われわれに道徳的な声で話しかける。それはメンバーに対する要求を課す。それは、事実、内的な自己以外の道徳的な声のなかでは最も重要な支えとなる源泉である」（ibid.: p.31）。

ソーシャル・キャピタル論の蹉跌

ソーシャル・キャピタル論については、その定義と応用範囲が多岐にわたるため、本稿でそのすべてを網羅的に紹介できるわけではない[11]。したがって、ここまでの議論をふまえつつ、あらかじめソーシャル・キャピタルを含む社会認識全体の配置図を描いておくことにしよう。

理論的には、最左翼にブルデュー（ハビトゥスあるいは多元的資本論）、最右翼にベッカーとコールマン（方法論的個人主義、合理的選択論、そして機能主義的社会集団論）が位置する。最も有力な論者パットナムは、体系的な理論的貢献はほとんどなく（と同時に、ブルデューから得たものはほとんどなく）、実証的に自発的結社の意義を説いた、と言うほうが正確である（彼の理論的位置については、図1参照）。皮肉にも、パットナムの理論的貢献度の低さが、今日のソーシャル・キャピタル論の隆盛を招いた一因とも言える（各論者や機関の定義につ

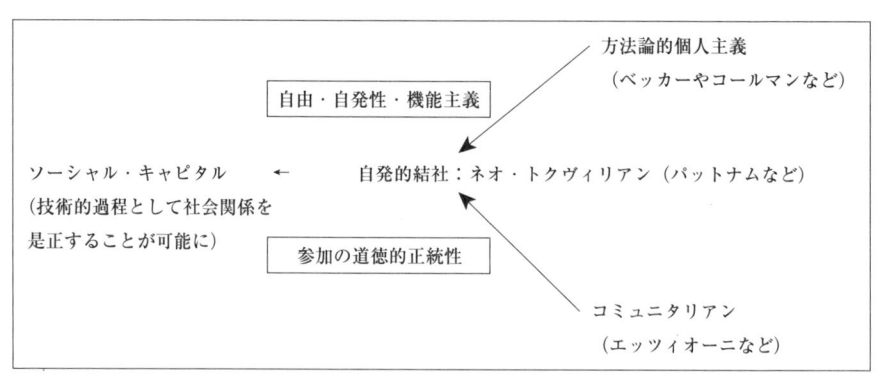

```
┌─────────────────────────────────────────────────────────────┐
│                                      方法論的個人主義            │
│              自由・自発性・機能主義    ←                        │
│                                       （ベッカーやコールマンなど）  │
│ ソーシャル・キャピタル  ←                                        │
│ （技術的過程として社会関係を   自発的結社：ネオ・トクヴィリアン（パットナムなど）│
│ 是正することが可能に）       ↑                                 │
│              参加の道徳的正統性                                │
│                                      コミュニタリアン            │
│                                       （エッツィオーニなど）       │
└─────────────────────────────────────────────────────────────┘
```

図 1　ソーシャル・キャピタル論の理論的編成

いては、**表 3** を参照のこと）[12]。

　ソーシャル・キャピタルについては、教育者であり社会改革家であったハニファン（L.J.Hanifan）が 1916 年 'The Rural School Community Center' において定式化を行ったのが最初とされるが、その後 1980 年代まで、類似の発想をもつ理論家はいても、この用語が注目を集めることはなかった（Putnam & Goss, 2002: pp.4-5）。

　1980 年代以降、現代のソーシャル・キャピタル論の隆盛は、ブルデュー（1986）、コールマン（1988, 1993）、パットナム（1993, 1995a, 1995b, 1996）の 3 人の業績によってにわかに活性化した[13]。

　ブルデューにとって、ソーシャル・キャピタルは、経済資本・文化資本とならぶ、3 つの資本形態のうちのひとつであった。それによって差異を生む社会の構造とダイナミズムを明らかにする、というのが彼のねらいである。デュルケームの理論的伝統にしたがいながら、近隣集団、職場、そして血縁といったような偶発的な関係を、必然的で選択的なもの、しかも主観的には耐久性のある義務と感じられるものに変容させる中心として、「制度的儀式」「神聖化の錬金術」、そして贈与を位置づけたのであった。彼はまた「所与のエージェントによって所有されるソーシャル・キャピタルの量は、彼が効率的に動員できるネットワークの規模と彼が結びついている人それぞれによって独自に所有されている（経済的、文

化的、象徴的）資本の量によって左右される」と考えていた。

　これとまったく異なる理論的潮流に属するのが、コールマンである。彼はブルデューとは対照的に、ソーシャル・キャピタルは「他の資本とは異なり、二人の個人間、あるいは複数の個人間の関係構造に生来的なもの」だとみなす。彼によると、「ソーシャル・キャピタルの価値は、まず、その機能によって社会構造のある側面を特定化するという事実にある。それは、『椅子』という概念が、その機能によって、ある物理的な機能を特定化し、形態、外見、そして作りの違いを無視するのと同じことである」(Coleman, 1990: p.305)。

　こうして機能的に理解されたソーシャル・キャピタルは、彼の社会関係の理解に通底する。彼が注意を払う社会関係とは「道具的な観点から、利己的なエージェントの合理的計算の諸要素」として、理解される。

　しかしながら後の議論にとって大事なのは、彼の背景にあるベッカー流の経済理論をさておくとすれば[14]、コールマンが列挙したソーシャル・キャピタルの具体的形態であった。それは「義務と期待」「情報入手の潜在的可能性」「規範と効率的な制裁」「権威関係」「適切な社会組織」「意図的な組織」などであり、これらはみな「ソーシャル・キャピタルへの直接投資」として理解される(Edwards *et al.*, 2001: p.9)。

　コールマンが無分別に列挙したこうした具体的なリストは後に批判にさらされることになったが、ソーシャル・キャピタル論にひとつの課題と争点を残すことになった。この後、何を・どういう基準でソーシャル・キャピタルに数えあげ、数量的に確定していくかが、ソーシャル・キャピタル論における重要な作業課題になったからである。

　おそらくは3人のなかで最も影響が大きいと思われるのが、パットナムである。社会生活における「ネットワーク、規範、そして信頼」といった3つの属性を重視し、個人間における対面的、水平的関係に特徴づけられる自発的結社（association）が、そうした属性を創出し、市民の関与能力を高め近代的な民主主義の基礎となる、と考えたのであった。初期の *Making Democracy Work*（1993a）ではイタリアを事例に南北の政治的発展の相違がソーシャル・キャピタルの相違に

よるものであるととらえられ、また、*Bowling Alone*（1995a）では、米国における自発的結社の衰退が実証的に研究された。のちの編著*Democracies in Flux*（2002）では、国際比較がはかられ、*Getting Together*（2003）では、米国におけるアソシエーショニズムと市民関与の実体が改めて検証されている。

　こうしたパットナムの議論は、初期から一連の批判にさらされてきた。定義が機能主義的すぎて空間的要因に配慮していないために、地域間格差やゲットーの問題を看過しており（Lemann, 1996）、またトクヴィル自身の「ロマン主義的な」結社論と人種主義的偏向をそのまま引きついでいる（Shapiro, 1997）、あるいは「ソーシャル・キャピタルのダークサイド」をみていない（Portes & Landolt, 1996）、政治と政治構造を忌避している（Forley &Edwards, 1996; 1997; Tarrow, 1996）、米国やその他の場所で市民関与を弱体化させるにあたって、コミュニティレベルではなくナショナル、グローバルな政策環境のような大規模な経済変化が果たす役割を過小評価している（Skocpol, 1996a; Shapiro, 1997）、また、とりわけどのような社会的条件のもとで、対面的な相互作用がその論拠となる望ましい市民的特性を生み出すと考えうるのかが明らかでない、という点で首尾一貫していない（Schuller *et al.*, 2000: pp.10-12, Edwards *et al.*, 2001: pp.10-11）等である。

　彼は、こうした批判を退けるとともに、初期の三属性にかえて「社会的ネットワーク、互恵性の形態、相互扶助、信頼性」（Putnam, 2003: p.2）といった側面をもとに、ソーシャル・キャピタルの再定義を行い、機能的な洗練化を図った。こうして、「公式的か非公式的か」「濃密か希薄か」「内向的か外向的か」「架橋か結束か」といった諸次元（Putnam, 2002: pp.9-12）から、ソーシャル・キャピタルの多様な形態と区別が重視されるようになった（Putnam, 2000; 2002; 2003）。こうした彼の定義ならびに分類基準が、世銀の研究者たちに与えた影響は、容易に看取することができるであろう。

（3）参加と民主主義──ネオ・リベラルの統治論

NGOと開発論

　ハリスは、世銀のソーシャル・キャピタル論が、参加型開発実践ならびに

NGOをどう支え、どう利用するにいたったのかの経緯について、こう述べている。「ソーシャル・キャピタル（実際には、これが意味するのは、『ローカルな』あるいは『自発的な団体』であるが）というポケットを特定化し、そこからプロジェクトを供給するために、そうした団体と参加を利用するような作業に力点を置くプログラム、あるいは参加の促進と『ソーシャル・キャピタルの構築』を同一視するプログラムのための強力な概念的支持を、開発における『失われた環』という発想がもたらしている、ということである。同様に、こうしたことすべてが意味することになるのは、『NGOへの支援』である。というのも、必ずしも成員資格のいる組織ではないにせよ、NGOがローカルな団体のなかで最も目立った最良の組織であることがよくわかってきたからである。ある世銀の上級スタッフのオフレコ発言によると、インドの五人会議［インドの村落集会］のような地方組織よりは、むしろNGO向けのあるいはNGOを通じた資金供与のほうが、どこででも好まれようになっている、という」（Harris, 2001: p.8）。

「市民の自発的結社」を不可欠のアクターとして位置づけるネオ・リベラルな開発ディスコースにおいて、NGOは象徴的な役割を担うこととなっている。その名は、いまや、市民社会そのものを代表し、開発政策の手続き正当性を保証する担保を意味するようになった。

しかし、残念ながら、NGOという「呪文」を唱えるだけで開発の批判的なヴィジョンが描きうると想像しえた「牧歌的な」時代は過ぎ去ってしまった。例えば、中央アメリカにおける超国籍的なネオ・リベラル・レジームの分析を行ったロビンソンは、社会運動とNGOの排他的関係に焦点をあてながら、NGOが開発実践のなかで果たしている役割を、次のように批判している（Robinson, 2003: pp.226-231）。第一に、NGOの隆盛は、必ずしも民主主義や開発の民主化に貢献することを意味せず、国家機能の縮小と民営化の流れのもとで理解されなければならない。多くの「非政府」組織は、政府の下請け組織となっている。この点で、NGOの隆盛は、超国籍的なアジェンダの一部として理解することができる。しかもNGOと政府の人間関係と資金はオーバーラップしていることが多く、民間か政府かの区別は実質的にはつけづらいものである。

第二に、1980年代から1990年代にかけて援助に関してドナー間で合意を得た「新たな政策アジェンダ」は、「新たな援助アジェンダ」とも呼ばれるが、ここにおいて、援助の受け手・管理者は国家からNGOへと明確にシフトすることが奨励された。フーベルトによると、「良き統治」「草の根の参加」「ローカル・コミュニティのエンパワメント」「市民社会の育成」「民主主義の促進」といったレトリックは、「新たな援助アジェンダの政治的コンディショナリティ」ですらある。

　第三に、かつての援助アジェンダのイデオロギーが「開発主義」であったとすると、新たなそれは、「コミュニタリアニズム」である。ローカルなコミュニティが自らの開発/発展に責任をもち、開発/発展はもはや国家責任のもとにあるプロジェクトではなくなった。これは、逆から言えば、国際機関が援助の（決定権ではなく）管理責任を（少なくとも一部は）放棄したことを意味しよう。こうしたイデオロギーは、国際金融機関の政治的目標に合致し、人びとのやる気をNGOが運営するローカルな「自助」的プロジェクトに向けさせ、その結果、人びとをネオ・リベラル国家に異議申し立てしないようしむけることができる。

　第四に、この点は先のハリスも含め多くの論者が指摘しているところだが、「援助の民間事業イニシアティヴ」は、国際的な支援移転の新たな回路としてNGOを位置づけるものであり、国際援助機関がこぞってNGO支援に乗り出すのもこうした資源移転効率の向上をねらってのことである。

　第五に、こうした開発ディスコースにおけるNGOの隆盛は、公的には、市民社会の「エンパワメント」と同義語である。しかし、彼のみる最大の問題は、このなかでNGOが社会運動と混同されてしまっている、ということである。ロバートソンによれば、「NGOは社会運動ではなくその代替物である。NGOは例外なく人民セクターを擁護するものではなく、市民社会の支配的な集団を代表することも十分ありうる。彼らがどれほど批判的な言明をしていても、実際にNGOが行っているのは社会の非政治化（depliticize）である。彼らは動員者というよりは、サービス供給者であり、大衆闘争と社会運動にかわって、ワークショップを開き、訓練コースや会議を指示し、何かを組織化するというよりはむしろ奨励する専門家集団をもちだすのである。さらに皮肉な批判をすれば、そしてそれが

より正確でもありうるのだが、NGOは人民セクターの活動を管理することによって、後者の自己組織化や戦闘性を希薄化し、草の根の社会管理の一構造になっているのである」(Robinson, 2003: p.228)[15]。

参加とエンパワメント

　集団組織レベルでネオ・リベラル開発論を象徴的かつ実践的に支えるのが、NGOをはじめとする自発的結社だとすれば、その機能や作業様式面で、自律性・自発性の同義語となっているのが、「参加」や「エンパワメント」という用語である。それは「下から」の、「参加型」の、「民主的」で、そして「持続可能」な開発政策を支える行動準則であり、規範であり、開発マネジメントのスローガンのひとつである。

　ここでわれわれにとって興味深いのは、フーコーの後期の議論をふまえつつ、バングラデシュの主要マイクロファイナンス組織BRAC（Bangladesh Rural Advancement Committee）の実践を検討したトライアンタフィロウとニールセンの分析である。彼らが強調するのは、フーコーの統治性論（これについては第Ⅲ節で詳述する）の重要性であり、その観点からみた参加型開発実践の評価であった。知、規律、そしてマネジメントの対象として人間が構成されるという（しばしば誤解も含めて批判された）前期フーコーの理論ではなく、「きわめて間接的な手段を通じて、多様な権威のもとにある他者の指揮にもとづいて行う行為のための一連の技術、知識、そして戦略と、自己による自己に対する行為のための諸実践をともなう」統治性論の観点（Triantafillou & Nielsen, 2001: pp.65-66）からすると、参加型開発の諸実践とエンパワメントはいかに評価できるのであろうか。

　参加型開発を代表するチェンバースらの取り組みからわかるのは、「現地の知識」が「現地の人びと」に理解されるのは、外部のファシリテーターたちによるPRAの実践（コミュニケーションと治療術）を通じてのことであって、これは「ある水準の計算、計画、意志決定、そして行動に対して、現実的なものを変わりやすくする方法としての現地の知識が、参加型の実践を通じてはじめて生まれる」ということ、したがって「エンパワメントは、それ自身で生じる自律的な実

践ではなく、望ましい結果を生むために促進され指導され監督されなければならない」ことを意味している（ibid.: p.74）[16]。

　いっさいの他者の関与を排除した自立がありえないことは自明の事実だとしても、例えば、BRACのケースにおける参加型開発の実践をふまえて言えば、そうした参加型開発の技法は、最も進歩的な自由主義の「市民権の技術」と同じように機能していることがわかる。それを通じて「無知や伝統の束縛から解放されるというよりは、むしろ現地の人びとは、新たな眼鏡を通して自分たちとお互いを見はじめるように教わるのである。それは社会的な眼鏡である」（ibid.: p.80）。参加型開発がうまく機能し、「エンパワーされた個人」が生まれるためには、他方で、集団やコミュニティが活性化され、そうした参加の対象としての社会が現実のものとして、さらには責任の対象として、自覚されなければならない。しかもこうした実践は、BRACにかかわる現地女性たちが自己に対するふるまいを主体形成の契機として自らの内部にすすんで取りこまなければ、うまく作動しない。彼女たち自身が「自分に対する第三者の見方を受け入れることを含む、継続的な自己検証の過程」を通じてはじめて、あるいはまた「活動の主体と自己認識の客体」となっているその編成を組み替えることによって、彼女は、自分と自分のコミュニティに対する行動規範と義務から結果的に逸脱しないように自己調整的に対処するのである（ibid.: pp.80-81）。

　また、人類学者ジェイムスは、エチオピア難民となったスーダンのウドゥック族の事例をふまえて、開発ディスコースにおけるエンパワメントの用法がマネジメントのディスコースへと転轍していく過程を追跡し、「自己への配慮」が実際の統治を支える仕組みをこのように総括した。

　「援助やプロジェクト支援の提供のさいに用いられる新しい『民主的な』マネジメント型のディスコースが普及してきた結果、例えば、一種の自律性、ならびに、（ただそれだけではないにせよ）開発の文脈における社会的・政治的問題の表象をほぼ独占できるようになった。……『コミュニティ』への参加、『エンパワメント』、『人びと中心の発展』、そして『貧しい人の声をきくこと』を認める現在流行のスタイルにおいてすら、開発ディスコースは、それが用いられ応用さ

れる状況が人間にとっていかなる現実となっているのかについて、まずめったに関心を払わない。この規定の定める条件下で研究を行うよう資金を受けた人びとは、ほとんど計略を図る余地を見出せないまま、報告書を提出し、その枠内で勧告するよう拘束されることになるだろう。権力、ステーク・ホルダー、参加と代表などの共有といった諸概念は、ますますプロジェクトそれ自体の自己完結的な世界を言い表すようになっているように思われる。おそらくは崩壊した土地所有制度や生存維持経済、ある地域の社会生活を形成してきたし、いまもなお形成している政治的・軍事的編成、といった外部構造の存在は、開発論（development-speak）の世界観から消え去りつつある。このなかで、『権力』はほぼ実質的な意味を失い、主に、行政的あるいは経営管理システムのなかで、場所や声をもち、代表されること、という意味を帯びるようになった。『エンパワメント』は、下位あるいは上位に位置する人が別の人びとを監視し、その活動のために人は説明可能でなければならないという、上からあるいは中央から委託された責任以外にはほとんど実質的な意味をもたなくなっている。経営管理責任と意志決定を共有するように、人は『エンパワー』されるように思われるが、その語の現代的な意味は、中央にいるものと集団交渉を追求する構造の同じレベルにおいて、他人と協働するために資源や展望を直接に制御するという行動をまったくともなわないものであるように思われる。それは、奇妙なことに英領アフリカにおける『間接統治』と同類であるようだ！」(James, 1999: pp.13-16)。

　ラテンアメリカで、アジアで、そしてアフリカでグローバルに流布する統治の型は、この間接性、距離こそを基軸にしている。最後にわれわれは、この背景をなすネオ・リベラル型統治論を明らかにしなければならない。

3. 新たな統治体制の出現——ネオ・リベラルの奸計？

(1) フーコーの権力論・統治性論

晩年における権力論の再定式化

　ネオ・リベラル型統治戦略を明らかにするには、晩年のフーコーの権力論・統治性論が示唆に富んでいる。周知のとおり、フーコーは晩年（1984年）のインタビュー「自己への関心の倫理」のなかで、初期の権力論の不十分さを自己批判しながら、権力（Power）、支配（domination）、そして統治（government）といった3つの権力関係の類型について語った（Hindess, 1996: pp.96-113; Foucault, 1996 [1989]: pp.441-448）。今まで検討してきた開発ディスコースの支配とそこからの自由を考えるうえで、この区別は重要であるように思われる[17]。

　フーコーによれば、権力とは、自由な人間の行動にともなう「行動の構造」であり、「自由な主体間の戦略的ゲーム」である。権力関係は、主体が自由でないかぎり、存在しえないものであり、したがって、しばしば不安定で流動的で反転可能なものだと考えられている。権力関係に置かれた場合には、相対する人間の双方に自由な策略が働く余地がある、とみることができる。こうした権力観からすれば、「抵抗の可能性がないなら、あるいは自由の余地がないなら、そこに権力はない」ということになる。

　支配と統治は、これに対して、相対的に安定した階層的な権力関係を指す。支配とは、この意味では、普通の用法における権力であり、支配状態にあるとは、非対称的な関係のもとで、極端に限定された自由の、そして策略の余地しか残されていないことを意味する。

　統治（government）、あるいは統治の技術、統治性（govermentality）とは、両者の間に位置するものである。それは「ふるまいの指揮（the conduct of conduct）」であり、行動に働きかけることによって、個人のふるまいに影響を及ぼすことをねらうものである。それは「自己の自己に対する関係を意味し、私がこの概念を用いるのは、お互いを取り扱うさいに自由な個人が用いることのできる

戦略を構成し、定義し、組織化し、そして道具化する幅広い実践を包含するためである」（Foucault, 1996 [1989] [1984]）。権力を「合意の機能」と考えるフーコーにとっては、政府の権力の正当性にかかわる問いを追求するというよりはむしろ、そうした権力の効果が生み出される手段を理解するところに関心を向けていた。統治の技術、とりわけその合理性に関心があったのである。西欧近代に特殊な3つの統治合理性とは、規律、司祭・信徒ゲーム型、そしてリベラリズムである（Hindess, 1996: pp.97-98）。

したがって先にも簡単にふれたとおり、前期の知と権力をモチーフにした議論が、権力による一方的な主体構成論として数々の批判にさらされたフーコーは、こうして、新たな権力認識と新たなテーマにすすむことになった。ここで言う新たなテーマとは、「統治性（governmentality）」という鍵概念のもとに集約できる一連の研究テーマのことである[18]。

統治性（governmentality）

1970年から1984年に亡くなるまで、フーコーは、コレージュ・ド・フランスで「思考体系の歴史」という一連のセミナーの主幹であった。毎年1月初旬から3月末に公開講座が開かれ、そこで、彼は、自分の研究目的や成果について語り、未公刊文書や新たな概念的・理論的研究道具について報告した。これらの多くは、のちに書物のなかで公刊されることになったが、いくつかの重要なものは公刊されることなく終わった。1978年の講義「安全保障、領土、そして人口」、1979年の講義「生政治の生誕」などが、それである。これらの講義のねらいは、「近代国家の系譜学」にあった。そこでフーコーは、「古代ギリシャから現代のネオリベラリズムにいたるまでの歴史的再構築を通じて分析していくためのガイドラインとして、統治（government）あるいは「統治性（governmentality）」といった概念を駆使したのであった（Lemke, 2001: p.191）。われわれも米谷（1996: p.77）にならって、これら一連の未完の研究を「統治性研究」と呼ぶことにしよう[19]。

レムケとともに言えば、第一に、「統治」（govern）と「思考様式/精神性」（mentality）の合成語であることからわかるとおり、統治性には二面あり、「政治

権力の研究は、それを支える政治的合理性を分析することなしには不可能である」という、フーコーの二重の問題関心を示している。統治は「表象」つまり「権力行使が『合理化される』領域」を定義する。それは、概念を定義し、対象や境界を特定化し、議論や正当性を提供する。このようにして、政府は、問題評価が可能になり、それに向けて打つべき手だてを提供する。その一方で、それは「特定の型の介入」を構造化する。政治的合理性それ自身が、政治技術が対処できる現実の知としての加工を担う。これには、政治的合理性の客体と主体が統治可能になるよう意図された、エージェンシー、手続き、制度、法形式などが含まれる。

　第二に、フーコーは今日狭義には政治的な意味しかもたないこの言葉を包括的な用語として再定義し、統治問題を18世紀から現代にいたるまでの幅広い文脈に置き直した。「国家や行政による管理/経営に加えて、『統治』は自己管理、家族や児童の指導、家族管理、精神指導等々をも意味した」。先述したとおり、フーコーが統治を「ふるまい」あるいは「ふるまいの指揮」と定義した所以である（Lemke, op.sit.）。

(2) リベラリズムとネオ・リベラリズム

　この統治性研究のなかで、フーコーは、現代のネオ・リベラリズムの特徴をリベラリズムとの対比でこう把握した。

　両者の第一の相違は、国家と市場の関係の定義をしたところにある。絶対主義王政に対峙して生まれたリベラリズムにおいては、国家が市場の自由を定義し、監督するところに政治的合理性が存在した（古典的な「夜警国家」のイメージ）。ところが、ネオ・リベラリズムにおいては、市場そのものが自己組織的な規制原理を有しており、これが国家の基礎をなす。管理主体は国家ではなく市場にある。市場が国家と社会の統治を行うことに政治的合理性があるとされるのである。オルド学派の考察にしたがえば、経済的自由は、経済活動の保障に限定される主権の形態を生み出し、国家はもはや歴史的使命の観点から定義されるのではなく、経済成長との関係で正当性を得る（Lemke, 2001: p.196, p.200）。

第二の相違は、統治の基礎づけに見出すことができる。社会領域は経済領域として読みかえられることによって、費用便益計算と市場原理が、家庭、結婚生活、専門的な生計などすべての生活領域に適用される。古典的なリベラリズムの想定したいわゆる経済人は、合理的な統治の技術的前提であり、統治行為の外的制約と不可侵の中核をなしていたので、この基礎を侵害しないかぎり政府は個人の自由を制約しない。ネオ・リベラルも同様の思考をもつようにみえるが、個人の合理的な行動の参照基準は、リベラリズムとは異なり、なんらかの自然に与えられた人間の本性にあるのではなく、起業家的で競争的な個々人のふるまいを可能にする人為的に生み出された自由にある、と考える。とくにシカゴ学派にとっては「経済人は、行動主義的に操作可能な存在となり、『環境』の変数を変化させ、個人の『合理的選択』を当てにできる統治の相関物となるのである」(Lemke, 2001: p.200)。

　ネオ・リベラリズムは、日常生活領域における「企業家」アクターとして個人を規範的に構築し、説明責任を求める。また、自己配慮の能力によってその道徳的能力が測られる合理的な計算主体だと個人をみなすのである。ネオ・リベラリズムにとって、合理的行動は、道徳的責任の同義語となる。逆から言えば、個々人の行動の結果責任は、こうした個人のミスマネジメントに帰属することになり、社会的・経済的権力の問題点や責任は、政治的に不問に付されてしまう (depoliticizing) のである (Brown, 2003)。

(3) 主体の自由・自律と「距離による統治」

　ローズは、フーコーの統治性論をふまえながら、現代のネオ・リベラルの統治体制を「アドヴァンスト・リベラリズム」と呼び、以下のような指摘を行った。「『アドヴァンスト・リベラル』の戦略は、フィンランドからオーストラリアまでのナショナルな背景において、左派から右派までの政治体制において、そして犯罪統制から健康にいたるまでのさまざまな問題領域とのかかわりから観察できる。それらの戦略が追求する統治/政府の技法とは、公的な政治制度の決定と他の社会的行為者の間に距離を創出し、これらの行為者を責任、自律、選択の主体とし

て新しい方法で構想し、彼らの自由を形成し、活用することによって、それらの行為者に働きかけるものである」(Rose, 1996: p.53)。

　開発ディスコースの検討を行ってきたわれわれにとって、いまや、この「アドヴァンスト・リベラリズム」の戦略は、先進国政府だけでなく、アフリカから南アジア、ラテンアメリカにいたる第三世界において出現しつつある開発レジームの統治原理でもあることを理解するのは、さほど難しいことではない。

　ローズは、アドバンスト・リベラルにおいては3つの特徴的な移行がみられるという。第一に「専門家と政治の新たな関係」である。第二に「『社会的』技術の新たな多元化」である。第三に「統治主体の新たな特殊化」である。

　すでに開発ディスコースの詳細な検討のなかでみてきたのと同様、この距離を稼働させるディスコースとして、ここでもまた、現地の、とか、コミュニティといった用語が機能する。国民であれ帝国であれ、全領域にわたって全体化する意志を発揮する主権にかえて、リベラリズムの想像力は、主体の自由を最大化する体制に結実することになった。その結果、支配者は、自由を通じて支配しなければならないし、少なくとも自由の制約は最小限にとどめなければならない。したがって、リベラリズムは強制の形態やそうしたイメージから規制の過程を切り離す統治の技法に魅了されるのである。そうした多様な形態の「距離による統治」のなかで、アドヴァンスト・リベラリズムにとって最も魅力的なのは、「現地」の統治の流用である。主体の日常生活のなかに生じ、そして現地固有のかたちをとる統治である。かくして、アドヴァンスト・リベラリズムにおける「コミュニティ」という言語の魅力のひとつは、それが日常的で自発的な相互行為、あるいは私的な個々人の利害の共通性のなかに、支配を位置づけることができるところにある（O'Malley, 1996: p.313）。

　個々人の満足と従順さの最大化に焦点を当てた「規律権力」、住民の健康と福祉の最大化に焦点を当てた「生―権力」といったフーコーの概念とならんで、ローズはここに「倫理政治（etho-politics）」の出現をみる。「規律が個人化と正常化をはかり、生―権力が集合化と社会化をはかるとすれば、倫理政治は、責任ある自己統治に必要な技術、または、自己に対する自己の義務ならびに他者に対す

る自己の義務の関係に関心をもつ」のである。これを示すのが現代におけるコミュニティの復興を支える技術であった。ひとつには、調査、資料化、分析、宣伝など多岐にわたる専門家群によるコミュニティの構成技術であり、もうひとつには、コミュニティ・マネジメントなどの運営技術である（Rose, 1996: pp.188-189）。

　だが言うまでもなく、こうした統治も失敗する契機をはらんでいる。オマリーの整理によると、オーストラリアのアボリジニに対する自決政策の事例は、統治性がはらむ「抵抗」の契機がいかに統治の失敗を産み、またそれがプログラムの再考のきっかけを与えるか、を示しているという。統治に関する公的なディスコースと実践にとっては、また、実験、創造、失敗、批判、そして調整が継続していくとみる計画立案者にとっては、現実的な出来事は、どんなに完全に予想したり理解したりしようとしてもあまりに不規則なので、「プログラムに対する抵抗」といったかたちで常に了解されるよりほかない。

　しかしながら、「規則のメンタリティ」にしばられ、戦略的に有利な位置からのみ政治を理解し、抵抗の役割をプログラムの失敗の問題へと縮減し、問題をすりかえ、そして抵抗の本質的な役割を看過してしまうならば、われわれは、ネオ・リベラルの統治戦略を全体として位置づけることに失敗するだけでなく、その破綻や変容の可能性をも見逃してしまうことになるだろう。「プログラムに対する抵抗」として理解されるものは、はたして何から生まれるのか。それはプログラムの軌道修正で対応するべき（あるいはそうできる）問題なのか。世界各地で抵抗を繰り広げるさまざまな社会運動は、依然として解明すべき現実の可能性を指し示しているように思われる。それが制度化の結果、ソーシャル・キャピタルとみなされ、運動のアウラを失う運命を予感させるにしても、である。

おわりに

　本稿で詳細に検討してきたとおり、世銀に代表される主流派開発論のディスコースは、以下のような特徴をもっていた。

1. 方法論的個人主義と合理的選択論に依拠して把握された制度認識に支えられた合理的な経済＝市場論。制度は、常に市場との相関物としてとらえられ、市場の失敗を補完する装置とみなされる。
2. コミュニタリアン＝ネオ・トクヴィリアン的に理想化された、小規模で、そして自発的な個人からなる自発的結社／共同体／市民社会論。この面からすれば、コミュニティとは、開発政策に人びとの感情を動員し、それに正当性を付与するため装置の別名である。その一方で、開発／発展の効率的な手段として理解された社会集団とその機能（ソーシャル・キャピタル論）。この面からすれば、社会集団は、開発の対象として把握され、計測され、操作される対象として構成される。両者が矛盾しないのは、あらかじめ個人の自由を最大化する領域として、そしてそれが道徳的な要請をも満たすものとして、社会的なものの位置づけがあらかじめ合意されているからである。
3. 開発マネジメント論の枠内で、手続き合理性と正当性の観点から把握された政治（正確には統治）論。開発ディスコースのなかで政治的なものが発現するのは、せいぜい「開発プログラムの失敗」という現象においてである。これは、「良い統治・悪い統治」論にすぐさま翻案され、再度、計画立案の合理的再検討の手続きに落としこまれる。開発／発展のより大きな歴史的政治的背景はこの枠組みからでは決して扱うことができない。

　われわれが開発ディスコースの批判的検討をふまえて、ネオ・リベラル型統治戦略の検討に踏みこまざるをえなかったのは、開発ディスコースが実際にいかに発動しているのかを、歴史的にみた大きな背景のもとで、位置づけるためであった。
　こうしたネオ・リベラルの支配的なディスコースがどう変質していくか、それを俯瞰することは、本稿の課題ではない。パーカーが指摘するとおり、開発産業の巨大さ、開発ディスコースの収斂、ネオ・リベラル統治の拘束といった分析を終えてもなお「エージェンシーに関する微細な検討を行う感覚」を養いつづける必要があるという点を最後に確認しておくにとどめよう。

ネオ・リベラリズムがあまりにも特定の意図をもった産物であるという理解に近づきすぎ、単純なモデルに収斂しきってしまうと、エージェンシーに関してフーコーが有していた歴史に対する特殊で独特の感覚が失われてしまう。それは、エージェンシーがディスコースの編成と装置に埋めこまれているというものである。人びとは物事を行うが、その結果は、意図とは異なる。自分のモデルと異なる装置を人びとは生み出すのをやめる。さらに、多様なディスコースの装置があり、それは政治、経済、社会、そして文化といった領域のあちこちで競合しており、われわれがネオ・リベラルと呼んでいるものは、ディスコースの断片的な装置をかろうじて接合しているものであり、そのうちのどれとして、実際には最初から特定の集団の特殊な意図を体現するわけではない。そうした装置は、お互いが反目しあっているのである。例えば、ネオ・リベラルと反目しあう保守派もいれば、ネオリベラルに反対すると言いつつ実際には協力する保守派もいるのである（Parker, 2003: pp.32-33）。

　冒頭にも掲げたとおり、世界の人びとは、「黙従や抵抗よりも多様で複雑な形態」で現実の政治に関与している。われわれが耳を傾け、目を向けるべきは、「顧客」としての貧者の姿や声では決してない。

【註】

(1) 本稿の言う主流派開発ディスコースは、世銀に代表される開発機関に共通した開発ディスコースとそれに反対する「オルタナティヴ開発」の双方を指して用いられる。社会開発や参加型開発といった名称のもと、総括される一連の開発ディスコースと言ってよい。もちろん国際開発機関や民間の開発団体によって、こうした開発ディスコースや開発実践の力点や成果に相違があることは、筆者も重々承知しているが、その点の詳細については、本稿では立ち入らない。本稿の関心は、開発の個別事例の成功や失敗の評価をすることそのものにではなく、むしろその成功が「良き実践（good practices）」としてフィードバックし、またさらなる開発思想と実践を生む仕組みにある。世銀の開発ディスコースについては原田（2002）で、また参加とコミュニティに焦点を当てた開発ディスコースについては原田（2003）で、それぞれ簡単に検討を加えたので、あわせて参照していただきたい。

(2) 開発実践は「開発サービス」ととらえ返され、「供給者」と「顧客」関係という企業経営とのアナロジーのもと、表象されることが通例である。ちなみに『世界開発報告2004年版』のテーマは「サービスを貧しい人びとに役立たせるために（Making Services Work For Poor People）」である。本文でもふれたが、こういった企業サービスと開発実践の同一視に関しては、Dichter（2003）が包括的な批判を行っている。

(3) 開発論の歴史的形成に関するCowen & Shenton（1996）の業績は、最もすぐれたもののひとつとして銘記されるべきである。とくに植民地経営論との関係は重要な示唆に富む。この点については、原田（2003）も参照のこと。

(4) こうしたフーコーのディスコース概念に依拠した反開発論の主張を、総称して（正確には「狭義の」）「ポスト開発論」と呼ぶことができる。この流れは、1980年代後半に少数の論者が提唱するところから始まり、1990年代に入るとかなりの賛同者を得るにいたった。その全貌について概観するにはRahnema & Bawtree（1997）、代表的論者としてはEscobar（1997）を参照のこと。日本語では、V.ザックス編『脱開発の時代』（1996年、晶文社）がほとんど唯一の紹介書である。ただし、この学派（と言えるとすればだが）の共通点は、「オルタナティヴ開発」とは異なる「開発のオルタナティヴ」を志向するところにせいぜい見出すことができる程度であって、例えば、マルクス主義者にとってのマルクスのテキストのような位置をフーコーのそれが占めているわけではない。ポスト開発学派については稿を改めてその評価を行いたい。

(5) 開発産業の規模を示す公的な統計は存在しないが、世銀は年間の貸し付けに200億ドル、約6000人の常勤スタッフに加えて3000～4000人の長期コンサルタント

を有している、と言われる。なお、約700万ドルの年間予算を有する米国のNGOは、常勤スタッフ数が100人にのぼる。かなり巨大なNGOになると、年間の予算が1億ドル、20～30の国々で活動し、世界で3000～4000人の常勤スタッフを抱えている（Dichter, 2003: p.109）。この規模がもつ政治的影響力は計り知れないが、かといって、小さければそれでいいということにはならないだろう。問題は、規模そのものではなく、それが埋めこまれた政治的社会的経済的文脈にある。

(6) 上述の政治的制約に置かれている事情を考慮すると、「現在、国際開発コミュニティは貧困削減と制度構築アプローチに非常に傾斜しているが、結果が出て、評価が芳しくなければ、新たな理論とスローガンが取って代わるだろう」（速水ほか, 2003: p.140）という指摘はもっともであるが、開発ディスコースを背景に、そこに働く政治性を考慮した場合、そのイデオロギーがどう転換しようと問題解決に寄与するかどうかはきわめて怪しいものであると言わねばならない。すでに本稿でみてきたように、開発ディスコースとその実践は、むしろ問題の創出に寄与するものであるからだ。

(7) ソーシャル・キャピタル（Social Capital）については、「社会資本」あるいは「社会関係資本」といった訳語が用いられることが多い。前者は、伝統的な用法にしたがう物的社会インフラとの区別がつきにくく、後者は正確さに乏しい。ここでは、こなれた訳とは言えないが、ソーシャル・キャピタルという語をさしあたり選んでおきたい。なお、多様なソーシャル・キャピタルの理解とアジア型発展の関係については、佐藤（2002）、原田・佐藤・尹（2002）を参照せよ。

(8) ソーシャル・キャピタルの計測と指標については、Grootaert（2001）が詳しく論じている。ちなみに、彼とWooolcockが世銀におけるソーシャル・キャピタル研究の代表の論者である。

(9) 言うまでもなく、市民社会には数多くの論争と定義が存在するが、行論とのかかわりで、その他の分類についても簡単にふれておきたい。エーレンベルクの歴史的考察によると、第一に、古典期における「国家＝市民社会」、近代における「欲望の体系」としての市民社会、最後に自律した社会諸集団からなる第三類型である。この第三類型こそ、現代のアソシエーショニズムに特徴的な理解であり、「国家」と「市場」の間に位置する、非政治的な「自由」「自律」の領域を強調する（原田, 2003）。またカルドアは、グローバルな市民社会の構想とのかかわりで、市民社会を五類型（古典的な二類型と現代的な三類型）に分類している。とくに現代的な三類型には注目してよい。

表1　市民社会の5つの型

市民社会のタイプ	領域・境界・担い手	グローバルな次元
古典的市民社会（Societas Civilis）	法／文明化の法則	世界市民的秩序
ブルジョア社会	国家と家族間のあらゆる組織化された社会生活	経済的、政治的、そして文化的グローバリゼーション
活動家	社会運動、市民活動家	グローバルな公共圏
ネオ・リベラル	慈善、ボランティア団体、第三セクター	民主主義構築の民営化、人道主義
ポスト・モダン	上記と同様のナショナリスト、原理主義者	グローバルな布置連関ネットワークの多元性

（出所）Kaldor, 2003: p.10 に筆者が若干の修正を加えた。

　最後に、パーソンズの議論をふまえたウォーレンのアソシエーション論を取り上げておこう。彼は、市民社会を論じるにあたって、結合関係（associational relations）と結社組織（associations）を区別し、パーソンズにならって社会編成の3つの型（法的強制、社会［規範とコミュニケーション］、そして貨幣）をふまえて、以下のような市民社会の位置づけを行った。

表2　市民社会の位置

社会関係の距離	社会編成の手段				
	法的強制	社会的（規範、コミュニケーション）			貨幣
遠	国家	媒介結社：「政治社会」	媒介空間：公共性	媒介結社：「経済社会」	市場
中間			市民社会 純粋な連合関係		
近			家族、友人		

（出所）Warren, 2001: p.57 [table 3.1]

こうして2人の論者の議論をふまえてみればわかるとおり、世銀の社会分類は、市民社会類型のなかの「ネオ・リベラル」タイプに近似しており、さらに、社会を形成する諸関係と機能の全体ではなくて、その一部に注目したにすぎないと言える。

(10) マンシーとウィザレルが指摘するとおり、政策の場面では、コミュニティという用語は、以下のように濫用されるわけである。「コミュニティという語は、家族や近所づきあいといった他の用語と同じく、意味体系あるいは概念の連鎖と連想を形成する。そこには、他の重要な用語、つまり『自然な』『調和的な』『有機的な』『健康的な』『暖かい』『親密な』などといった含意がある。政府は、『暖かく説得力をもった』含意をともなう『コミュニティ』という語を効果的に用いる。例えば、明らかに公的な福祉支出の削減にすぎないものを正当化するために、である」（Muncie & Wetherell, 1995ただしBarker, 2002からの引用）。

(11) ソーシャル・キャピタル論のサーベイとして、本文で利用した以外のもので筆者が目にしたもののなかでは、Harris & Renzo（1997）がバランスのとれた紹介を行っている。邦語文献では、宮川・大森（2004）を参照のこと。

(12)

表3　ソーシャル・キャピタルの定義

外部／内部	著者	定義
外部	ベイカー	「行為者が特定の社会構造から引き出した資源、それからそれを自己の利害追求にもちいること。行為者間の関係の変化によってそれは生み出される」
	ベリボーほか	「個人の私的ネットワークやエリートの制度的連携」
	ブルデュー	「多かれ少なかれ制度化された相互の交際や認知関係の耐久的なネットワークの所有と結びついた現実的または潜在的資源の集積」 「ソーシャル・キャピタルとは『社会的な義務』（『結びつき』）からなるが、それは、ある条件下では、経済的資本と転換可能であり、また貴族の称号の形で制度化されうるもの」 「多かれ少なかれ制度化された相互の交際や認知関係の耐久的なネットワークの所有によって、ある個人や集団に発生する、（現実的なものであれ仮想的なものであれ）現実的または潜在的資源の総量」

	ボックスマンほか	「支援を与えることを期待されている人やそうした人が自分の自由にできる資源の数」
	バート	「金融的・人的資本を用いるための機会を受け取る友人、同僚、そして一般的な接触」 「ネットワークにおいて仲介手数料をえられる機会」
	ノック	「他の社会行為者の資源にアクセスするために、組織内部または組織間におけるネットワーク的な結びつきを社会的な行為者が生み出し、動員する過程」
	ポルテス	「社会的ネットワークあるいは他の社会構造における成員資格によって利益を確保できる行為者の能力」
内部	ブレーム&ラーン	「集合行為問題の解決を促進する市民間の協調的な関係の網の目」
	コールマン	「ソーシャル・キャピタルはその機能によって定義される。それは一つの実体ではないが、二つの共通点をもちつつ異なった多様な実体である。つまり、それらはみな社会構造のある面をもち、また、その構造内にいる個人のある行為を促進する」
	フクヤマ	「集団や組織の形で共通の目的のもとに協働する人びとの能力」 「ソーシャル・キャピタルは、自らの間で協力を認めあう集団の成員間で共有された、一連の非公式的な価値観あるいは規範の存在として、簡単に定義できる」
	ハニファン	「私がソーシャル・キャピタルという用いる場合、比喩的な意味を除けば、資本という語の通常の理解に依拠しているわけではない。不動産や個人の資産あるいは現金などのことを言っているのではなく、むしろこうした手に触れることのできる実体をおおむね人びとの日常生活のなかで重要なものにする傾向をもつ生活上のもののことを言っているのである。すなわち、社会単位を構成する個人や家族の間の善意、仲間、共感、そして社会的な交際のことを言っているのである」

	イングルハート	「自発的連合の拡張的ネットワークが生まれる、信頼や寛容の文化」
	トマス	「集団全体のために発展を促進する、市民社会内で発展した自発的手段と過程」
	ポルテス&センゼンブレナー	「たとえ経済的な領域にむけた志向がない場合ですら、その成員の経済的目標や目的追求的な行動に影響を及ぼす集合体内の行動にたいする期待」
	パットナム	「相互利益のために協働や強調を促進するネットワーク、規範、そして社会的信頼のような社会組織のもつ諸側面」
双方に着目	ラオリー	「市場で値付けされた技能や特性の獲得を促進したり支援する人びとの間で自然に発生する社会関係。われわれの社会における不平等の維持を説明するさいに、金融的遺産と同じく重要たりうる財産」
	ナハピット&ゴーシャル	個人や社会単位が所有する諸関係のネットワーク内部に詰め込まれ、それをつうじて利用可能であり、そしてそこから引き出される現実的・潜在的資源の総量。ソーシャル・キャピタルは、こうして、ネットワークとそのネットワークを通じて動員される資源の両面を包含する」
	ペナー	「個人行動に影響し、それによって経済成長に影響を及ぼす社会関係の網の目」
	シフ	「人びとの間の関係に影響を及ぼし、生産関数および効用関数、あるいはそのどちらかの投入もしくは独立変数となる、一連の社会構造の諸要素」
	ウールカック	「人の社会ネットワークの中に付随している互恵的な情報、信頼、そして規範」
	世界銀行	「ソーシャル・キャピタルとは、ある社会の社会的相互作用の量と質を形成する制度、諸関係、そして規範のことをいう。社会的結合は、社会が経済的に繁栄し、

| | | 開発が持続可能なものになるのに重要であることを示す証拠がますますふえている。ソーシャル・キャピタルは社会を支えるたんなる制度の量ではない。それはそれらをともに結びつける接着剤である」 |

（出所）Adler & Kwon, 2000: pp.60-64.

(13) ところで、ウェブサイトを見ればよくわかるとおり、世銀のデータベースでは、ブルデューの貢献についてはほとんどふれられておらず、また、そもそも米国以外の出版物（とくにそれに批判的なもの）はほとんど排除されているという現状がある。一般的に他の国際機関の動向に無関心と言われる世銀であるが、ここに、理論的には上述のベッカー＝コールマンの影響のもと、歴史と権力の問題を排除し、政策の操作対象として「社会的なもの」を論じる姿勢が現れていると言えよう（Harris, 2001: p.96）。

(14) この点について批判の先鋒にたつのは、Ben Fineである。

(15) NGOについてはさしあたり2つの形態を区別することができる。ひとつは、ボランティア組織である。この組織の目的は、成員の利害のために働くことにある。もうひとつが仲介組織である。この組織は、成員資格ベースでも自発的でもなく、フルタイムあるいはパートタイムのスタッフを有し、資金を求めて、人びとやコミュニティ、ボランティア組織にサービス提供を行う。国際的には慈善・福祉・救済団体と開発組織がここに含まれる。近年ますます公的に援助産業の一部に組みこまれているNGOは後者の類型に属すると言うことができよう（Dichter, 2003: pp.102-103）。ただし、ロバートソンの言うとおり、開発サービスの階層的な供給システムを考慮すれば、望むか望まないかは別にしても、第一類型も援助産業の動向から必ずしも自由であるわけではない。

(16) 主流派の参加型開発論（PRA）は、「新しい独裁」「新しい正統派」と批判されることもある。チェンバース自身は、こうした批判された論点を多数先取りして言及しているという意味では、自身の方法の限界に自覚的であるとも言えるが、かりにそうであったとしても、彼らの手法が開発産業のなかで一定の手法として独り歩きし、組織的に定着した手法として喧伝され、そこに一定の資金が流れてくるという現実が存在し、また、ミクロな現実にかかわる定型化された一連の手続きをふまえてはじめて有効性を発揮し、そしてまたそうした実践が現地の人間と専門家の現実認識に関する独自の理論に依拠しているかぎり、こうした批判は、後を絶たないであろう。筆者とは異なる参加型開発の評価として、佐藤（2003）を参照のこと。

(17) ウェーバーとジンメルの権力論の系譜をうまく整理したのは、市野川（1996）で

ある。
(18) フーコーとフーコー派の統治性研究については、先駆的業績として、海外ではRose *et al.*（1996）ならびにDean（1999）などがある。日本では、米谷（1999）、酒井（2001）をあげておきたい。また、ブラティッチらの編著は、英語圏での（とくに統治性に関する）フーコー研究動向が論者別・主要ジャーナル別に比較検討されているだけでなく、それら論者間の相違を浮き彫りにしているという意味でも、興味深いものである（Bratich *et al.*, 2003: Ch.1-3）。
(19) 米谷の整理をかりて、この統治性研究にいたるまでのフーコーの近代権力に関する考察と統治性研究の概要を示しておこう。まず近代権力は、「社会契約上の法的主体の再構成」に依拠する法的権力との対比において、「何らかの権力の全般的かつ細密な形式に服する、従属する主体」に依拠する規律権力（『監獄の誕生』1975）として特徴づけられた。パノプティコンは、犯罪者の個別特性に応じて管理する規律権力の象徴的な監視装置であった。さらに『知への意志』において、前者は、「統一体として自己を構成し、自らの意志を法と同一視し、禁止と制裁のメカニズムを通じて行使される」と一般的に定式化されるが、こうした権力の枠組みを超える権力として、あらたに「生─政治（bio-power）」について言及される（同上: pp.78-79）。統治性研究の概要について時系列別に整理すると、①古代ギリシャ・ローマと地中海オリエント・ヘブライにおける政治権力のあり方の対比、②16世紀以降概念化される、司牧権力を規定とする新しいタイプの世俗権力について、③18世紀中葉に国家理性論に基礎を置く統治を批判し、統治の自己限定の原理を基礎づけた、自由主義の政治経済学、④自由主義の現代的形態としてのネオリベラリズムの比較研究（オルド自由主義とハイエクの自由主義）となる。本稿の関心は、もっぱら④（との対比で③にも）に置かれている。

【参考文献】

Adler, P.S. & S.Kwon (2000) "Social Capital: Prospect for a New Concept" (http://poverty.worldbank.org/library/view/11990/)

Barker, C. (2002) "A Moral Economy? Edward Thompson and Valentin Volosinov Meet in North Manchester", Paper presented at the Conference on Making Social Movements: The British Marxist Historians and the Study of Social Movements, Edge Hill College of Higher Education, June 26-28, 2002.

Bates, R.H. (1995) "Social Dilemmas and Rational Individuals: An Assesment of the New Institutionalism", in J.Harris, J.Hunter & C.M.Lewis [eds.] *The International Economics and Third World Development*, London: Routledge.

Bergeron, S. (2003) "Challenging the World Bank's Narrative of Inclusion", in A.Kumar [ed.] *World Bank Literature*, Minneapolis: Minnesota U.P.

Berman, S. (2001) "Civil Society and Political Institution", in B.Edwards, M.F.Forley & M.Diai [eds.] (2001) *Beyond Tocqueville: Civil Society and the Social Capital Debate in Comparative Perspective*, New England: U.P. Tufts /Hanover.

Bratich, J.Z., J.Packer & C.McCarthy [eds.] (2003) "Governing the Present", in J.Z.Bratich, J.Packer & C.McCarthy [eds.] *Foucault, Cultural Studies, and Governmentality*, Albany: SUNY.

Browm, W. (2003) "Neo-liberalism and the End of Liberal Democracy", *Theory and Event*, 7(1). (http://80-muse. Jhu. edu.ezproxy. Library. Yorku. Ca /journals /theory_and_event/v007/7.1brown.html#authbio)

Burchell, G., C.Gordon & P.Miller [eds.] (1991) *The Foucault Effect: Studies in Governmentality: With Two Lectures by and interview with Michael Foucault*, Chicago: U.P.Chicago.

Coleman, J.S. (1990) *Foundations of Social Theory*, Cambridge: Belknap Press of Harvard University Press.

Cooper, F. & R.Packard [eds.] (1997) *International Development and the Social Science*, Berkley: U.P.California

Cowen, M.P. & M.P.Shenton (1996) "The Invention of Development", in *Doctorines of Development*, London: Routledge.

Dean, M. (1999) *Gevernmentality:Power and Rule in Modern Society*, London: Sage.

Deutscher, Eckhard (2003) "The World Bank Calls for Reforms", *Development and Cooperation*, 30(8/9).

Dichter, T.W. (2003) *Despite Good Intentions: Why development Assistance to the Third World Has Failed*, Amherst & Boston: U.P.Massachusetts.

Edwards, B. & M.W.Forley (1998) "Civil Society and Social Capital beyond Putnam", *American Behaviroal Scientist*, 42(1).

—— (2001) "Civil Society and Social Capital: A Primer", in Edwards, B., M.W.Forley & Mario Diani [eds.] (2001) *Beyond Tocqueville: Civil Society and the Social Capital Debate in Comparative Perspective*, Hanover: Tufts University.

Escobar, A. (1995) "The Making and Unmaking of the Third World", in M.Rahmena, M.& V.Bawtree [eds.] *The Post-development Reader*, Dahka: University Press.

—— (1997) *Encountering Development: the Making and Unmaking of the Third World*, Princeton: Princeton U.P.

Etzioni, A. (1993) *The Sprit of Community*, New York: Touchstone.

Ferguson, J. (1994 [1990]) *Anti-Politics Machine: "Development", Depoliticization, and Bureaucratic Power in Lesotho*, Minneapolis: U.P.Minesota.

Fine, B. (2001) *Social Capital versus Social Theory*, London: Routledge.

—— (2002) "The World Bank Speculation on Social Capital", in J.R.Pincus & J.A.Winters [eds.] *Reinventing the World Bank*, New York: Cornell U.P.

Fine, B. & F.Green (2000) "Economic, Social Capital, and the Colonaization and the Social Capital", in S.Baron, J.Field & T.Schuller [eds.] *Social Capital: Critical Perspective*, Oxford: Oxford. U.P.

Forley, M.W. & Bob Edwards (1996) "The Paradox of Civil Society", *Journal of Democracy*, 7(3).

—— (1997) "Escape from Politics? Social Theory and the Social Capital Debate", *American behavioral Scientist*, 40(5).

Foucault, M. (1989) "The Ethics of the Concern for the Self" (an Interview with R. Fornet Betancourt, H. Becker, and A.Gomez-Muller, 1984), in Ltringer [ed.].

Francois, P. (2002) *Social Capital and Economic Development*, London: Routledge.

Grootaert, C. (2001) "Social Capital: the Missing Link?", in P.Dekker & E.M.Uslaner [eds.] *Social Capital and Participation in Everyday Life*, London: Routledge.

Harris, J. (2001) *Depoliticizing Development: The World Bank and Social Capital*, New Delhi: Left World Books.

Harris, J., J.Hunter & C.M.Lewis (1995) "Introduction: Development and Significance of NIE", in J.Harris, J.Hunter & C.M.Lewis [eds.] *The International Economics and Third World Development*, London: Routledge.

Harris, J. & P.de Renzo (1997) "'Missing Link' or Analytically Missing?: The Concept of Social Capital (An Introductory Bibliographic Essay)", *Journal of International Development*, 9(7).

Hindess, B. (1996) *Discourses of Power:From Hobbes to Foucault*, Oxford: Oxford University Press.

James, W. (1999) "Empowering Ambiguities", in A.Cheater [ed.] *The Anthlopology of Power: Empowerment and Disempowerment in Changing Structures*, London: Routledge.

Jayasuriya, K. & A.Rosser (2001) "Economic Orthodoxy and East Asian Crisis", *Third World Quarterly*, 22(3).

Kaldor, M. (2003) *Global Civil Society: An Answer to War*, Cambridge: Polity Press.

Kapur (2002) "The Changing Anatomy of Governance of the World Bank", in Jonathan R. Pincus & Jeffrey A. Winters [eds.] *Reinventing the World Bank*, Ithaca: Cornell University Press.

Lemann, N. (1996) "Kicking in Groups", *The Atlantic Monthly*, 277(4).

Lemke, T. (2001) "'the Birth of Bio-politics': Michael Foucault's Lecture at the College de France on Neo-Liberal Governmentality", *Economy and Society*, 30(2).

Lin, N. (2001) *Social Capital: A Theory of Social Structure and Action*, Cambridge: Cambridge U.P.

Lotringer, S. [ed.] (1989) *Micahel Foucault Foucault Live: Collected Interviews*, New York: Semiotext [e].

Lupton, D. (1999) *Risk*, London: Routledge.

North, D.C. (1995) "The New Institutional Economics and Third World Development", in Harris *et al.* [eds.].

O'Malley, P. (1996) "Indigenous Governance", *Economy & Society*, 25(3).

Parker, J. (2003) "Mapping the Intersection of Foucault and Cultural Studies: An Interview with Lawrence Grossberg and Tony Miller, Oct. 2000." in Bratich *et al.* [eds.].

Portes, A.& P.Landolt (1996) "Unsolved Mysteries: the Tocqueville Files II: The Downside of Social Capital", *The American Prospect*, 7(26). (http:www.prospect.org /print/V7/26/26-cnt2.html 11/12/2003)

Putnam, R.D. (2000) *Bowling Alone: the Collapse and Revival of American Community*, New York: Simon & Schuster.

Putnam, R.D. [ed.] (2002) *Democracies in Flux*, NewYork: Oxford U.P.

Putnam, R.D. & L.M.Feldstein (2003) *Better Together: Restoring the American Community*, New York: Simon & Schuster.

Putnam, R.D. & K.A. Goss. (2002) "Introduction", in R.D. Putnam [ed.], *Democracies in Flux. The Evolution of Social Capital in Contemporary Society*, New York: Oxford

University Press.
Rahnema, M. & V. Bawtree [eds.] (1997) *The Post Development Reader*, London: Zed Books.
Robinson, W.I. (2003) *Transnational Conflicts: Central America, Social Change, and Globalization*, London: Verso.
Rose, N. (1996) "Governing 'Advanced' Liberal Democracies", in A.Barry, T. Osborne & N.Rose [eds.] *Foucault and Political Reason: Liberalism, Neoliberalism and Rationalities of Government*, Chicago: Chicago U.P.
—— (1999) *Powers of Freedom*, Cambridge: Cambridge U.P.
—— (2000) "Community, Citizenship, and the Third Way", *The American Behavioral Scientist*, 43(9).
Rotberg, R.I. [ed.] (2001) *Patterns of Social Capital: Stability and Change in Historical Perspective*, Cambridge: Cambridge.
Sargeson, S. [ed.] (2002) *Collective Goods, Collective Futures in Asia*, London: Routledge.
Schuller, T., S.Barron & J.Field (2000) "Social Capital: A Review and Critique", in Barron, S., J.Field & T.Schuller (2000) *Social Capital Critical Perspectives*, New York: Oxford University Press.
Shapiro, M.J. (1997) "Bowling Blind: Liberal Civil Society and the Worlds of Neo-Tocquevillean Social Theory", *Theory and Event*, 1(1). (http://80muse.jhu.edu.ezproxy.library.yorku.ca/journals/theory_and_event/v001/1.1shapiro.html)
Skocpol, T. (1996) "Unsolved Mysteries: The Tocqueville Files: Unravelling From Above", *American Prospect*, 7(25). (http://www.prospect.org/web/page.ww?section=root&name=ViewPrint&articleId=4959) (2003.11.26確認)
Stirrat, R.L. (1996) "The New Orthodoxy and Old Truth: Participation, Empowerment, and Other Buzz Words", in Bastian, S. & N.Bastian *Assessing Participation: A Debate from South Asia*, Delhi: Konark Publishers.
Straveren, I.V. (2003) "Beyond Social Capital in Poverty Research", *Journal of Economic Issues*, 37(2).
Tarrow, S. (1996) "Making Social Science Work across Space and Time: A Critical Reflection on Robert Putnams's Making Democracy Work", *The American Political Science Review*, 90(2).
Toye, J. (1995) "The New Institutional Economics and Its Implications for Development Theory", in Harris, Hunter & Lewis [eds.].
Triantafillou, P. & M.R.Nielsen (2001) "Policing Empowerment: the Making of Capable Subjects", *History of the Human Sciences*, 14(2).

Warren, M.E.（2001）*Democracy and Association*, New Jersey: Princeton U.P.
Watts, M.（1995）"'A New Deal in Emotions': Theory and Practice and the Crisis of Development", in J.Crush（1995）*Power of Development*, London: Routledge.
Williams, R.（1983 [1976]）*Keywords: A Vocabulary of Culture and Society [revised edition]*, New York: Oxford U.P.

市野川容孝（1997）「安全性の装置」『現代思想』1997.3
──（1996）「安全性の政治：近代社会における権力と政治」大澤真幸編『社会学のすすめ』筑摩書房
酒井隆史（2001）『自由論』青土社
齋藤純一（2001）「社会の分断とセキュリティの再編」『思想』No.925
佐藤寛（2003）『参加型開発の再検討』アジア経済研究所
佐藤元彦（2002）『脱貧困のための国際開発論』築地書館
重田園江（1997）「一九世紀の社会統制における〈社会防衛〉と〈リスク〉」『現代思想』1997.3
渋谷望（1999a）「〈参加〉への封じ込め」『現代思想』1999.5
──（1999b）「ポスト規律社会と予防テクノロジー」『現代思想』1999.10
速水佑次郎（監修）　秋山孝允・秋山スザンヌ・湊直信（2003）『開発戦略と世界銀行』知泉書館
原田太津男（2002）「アジア危機と社会保障──新制度学派的開発論の批判的検討」、原田・尹・佐藤、所収
──（2003）「開発ディスコースにおけるコミュニティと参加」『産業経済研究所紀要』第13号
原田太津男・佐藤元彦・尹春志（2002）『東アジア開発モデルの再考』中部大学産業経済研究所、マネジメントビュー7
宮川公男・大守隆編（2004）『ソーシャル・キャピタル──現代経済社会のガバナンスの基礎』東洋経済新報社
米谷園江（1996）「ミシェル・フーコーの統治性研究」『思想』No.870
【ウエブサイト】
World Bank（2003）
http://lnweb18.worldbank.org/ESSD/sdvext.nsf/09ByDocName/BasicConceptsPrinciplesWhatisCDD

第3章
貧困削減戦略における新視点
PPAとPRSP

武田圭太

1. 微視水準と巨視水準との連結

　生活が崩壊する危機に直面している人びとが、どのような公私の援助をどのように必要としているかを実態に即して正確に把握することが、援助活動の基本である。社会全体の貧困を緩和し解消するための諸政策は、貧困者一人ひとりの視点で理解された貧困者自身の社会的諸欲求（social needs）を統合し、それを満たすために貧困者が求める援助を提供するような内容でなければならない。そのために、①貧困者の視点で貧困状態を調査研究し、貧困者がどのように現実を認知しているかを内観することと、②認知された貧困状態を反映した諸政策を立案するまでの過程を確立し、貧困の現実と貧困の削減政策とを連結した枠組みを設定することが課題である。

　貧困者が認知している貧困状態を、貧困削減政策に結びつける過程が組織化され整備されると、微視水準の貧困問題が巨視水準の政策課題として検討される。個人つまり微視水準と国家つまり巨視水準との連結は、さらに中間水準の地域社会を組みこみ貧困削減戦略のための包括的な枠組みとなる。貧困者が認知した貧困状態の微視水準での個別性・多様性の理解と、それを集約し統合した巨視水準での貧困削減政策の立案との矛盾は、両者の最適な均衡点で解消するしかないが、最適な均衡を定期的に予測し計画することで、政策の有効性を保てるだろう。そのさい、貧困の多次元性を考慮し、物質的な幸福ばかりでなく心理的な幸福の不充足にも注意を払わなければならない（Narayan *et al.*, 2000）。

本章では、このような考え方による取り組みとして、参加型貧困アセスメント（Participatory Poverty Assessment: PPA）と貧困削減戦略文書（Poverty Reduction Strategy Paper: PRSP）とを紹介し、その意義について考える。

　世界銀行が実施している参加型貧困アセスメントは、微視水準で行われた調査研究によって収集されたデータの分析結果から、貧困状態に関するより多くの詳細な情報を提示する。この情報にもとづいて巨視水準での政策を立案するため、貧困削減戦略文書がまとめられる。このように、参加型貧困アセスメントは、貧困削減戦略文書を作成する過程の一部であり、貧困削減戦略文書の基本的な方向づけを規定する。

　参加型貧困アセスメントと貧困削減戦略文書の特性は、次のように要約できる[1]。参加型貧困アセスメントの機能は、さまざまな調査方法を駆使して収集された定量・定性データにもとづく貧困状態の多面解析と、調査研究の進捗状況およびアセスメント後の経過状況に関するモニタリングである。解析やモニタリングは、定量データだけでなく定性データも用いるので、数量化された情報への適切な意味づけや調査対象者の個人史情報による適切な解釈など、解析やモニタリングの作業が豊かになる。また、参加型貧困アセスメントには、モニタリングや調査活動に関する地域住民の能力を育成し、やがては地域住民が自らの貧困状態を知ることができるようにする機能がある。

　また、貧困削減戦略文書の特性としては、①当該国の諸要求に適合した実体的で具体的な貧困削減戦略の計画の確定、②頻繁なコミュニケーションや貧困削減への積極的な参加や相互信頼などによる公的機関とその他の機関との連携の強化、③政策決定に影響するようなモニタリングや調査研究を制度化するための基盤づくりがあげられる。貧困を削減するための戦略は、関係機関に当事者意識をもたせ、貧困削減の理念を共有するように組織化する過程であり、その過程は具体的な行動計画として文書にまとめられる。貧困削減戦略文書の行動計画は、全体の成果を評価し次の課題へ還元する作業を含む。

　参加型貧困アセスメントと貧困削減戦略文書に共通するのは、貧困者の自己統制への働きかけと言えよう。人びとを貧困問題に立ち向かうように元気づけて、

他者の援助を受けずに独力で対処できるように、援助者が側面から支援する姿勢をどのくらい保持できるかが問われる。このような援助の概念が内包する利他性は、援助される貧困者の有能感を育む。貧困者が、貧困状態への自身の対処能力を認知し、対処行動を自己統制できる有能感を実感するような機会を創出して、一定の段階をへながら貧困の緩和・解消に成功する経験を蓄積させることの重要性（武田, 2004）について、本章の最後で論議する。

2. 貧困削減への参加

　一般に、多くの人は裕福に暮らしたいと願っていると仮定するのに異論はないだろう。この仮定にもとづいて、人びとの貧困/富裕の状態を観察し測定診断して、貧困/富裕の程度を示すための指標や基準はいくつかある。しかし、そうした貧困と富裕とを識別する作業を、貧困者自身が行うことは皆無である。

　通常、貧困者は、相対的に貧困ではないとされる他者によって、貧困と評定される。そして、貧困を問題とする政策論は、やはり相対的に貧困ではないとされる他者が、貧困と評定した人たちに対して、貧困の状態を表示する指標や基準の数値に応じた援助をどのように実現するかについて議論する。

　この場合、貧困者と援助者とでは、貧困に関する認識が必ずしも一致しないのが根本的な問題である。それは、貧困状態を観察し測定診断する作業に、観察対象となる貧困者、つまり貧困と評定された人たちの意見が直接には取り入れられないからである。この問題は、貧困状態に関する社会調査のデータ収集法についての基本的な考え方と関係がある。

　社会調査のデータ収集法は、①調査対象者への質問と、②調査対象者の観察とに分けられる。前者は、調査者が調査対象者に面接して、必要な情報を聞き取る方法である。後者は、さらに①参加観察法（participant observation method）と、②非参加観察法（non-participant observation method）とに区分できる。参加観察法は、調査者が、調査対象となっている集団の構成員として、当該集団とともに行動しながら調査対象者を観察する方法である。この方法によると、調査対象

者の内面にまで踏みこめるので、調査対象者にとっての意味に即して事象を理解できる。

　しかし、参加観察法は、調査者が調査対象者の集団内で一定の地位を占めることで、観察のゆがみが生じて客観性が損なわれる危険がある。その点、非参加観察法は、局外者として調査対象から離れて観察するため、一定の客観性を保てる。ただし、観察の客観性を重視しすぎると、貧困者が認知する現実を詳細に知ることができないので、紋切型の現実認識に陥りやすい。

　貧困状態についての従来の調査研究は、調査対象である貧困者への質問や、質問紙を用いた非参加観察法による調査が大半だった。1998年7月までに、99の貧困アセスメントが実施されたが、その55％は統計学を論拠にした非参加観察法を用いていた（World Bank, 1991）。この方法では、栄養面をはじめとして、日常生活に欠かせないその他の側面に数値基準が置かれ、その基準を達成するための必要最小限の収入や消費水準を満たさない人を貧困とみなす。

　このような方法で貧困状態についてのデータを収集すると、なぜ、貧困者と援助者とで貧困に関する認識が必ずしも一致しなくなるのか。それは、調査者は調査者自身の視点で貧困をとらえて測定指標や測定基準を設定し、貧困者の視点で認知された貧困状態を考慮しないからである。つまり、調査者は、貧困に関する調査者自身の認識にもとづいて構成した調査の枠組みや測定指標・基準を用いて、貧困と評定した人たちを観察し貧困状態を分析する。それから次に、調査結果の報告を受けた政策決定者は、同様に援助者の視点で、貧困と評定した人たちが、貧困から脱却するために望ましいと、援助者自身が考える援助政策を計画し実施する。そのさいにも、貧困と評定された人たちの視点で認知された貧困者が望む援助は考慮されていない。

　参加型貧困アセスメントは、こうした根本的な問題を解決するための興味深い取り組みである。参加型貧困アセスメントは、貧困状態の分析や、貧困の緩和・解消政策に向けた戦略の立案過程に、貧困者の声を取り入れるための参加観察法である。最初、調査者は、調査対象集団に参入し観察するが、しだいに調査対象集団の構成員に観察方法を習得させ、調査者として教育訓練する。つまり、自ら

を調査するように調査対象者を教化して、貧困者が主張する現実、欲求、優先事項などを、貧困者自身の視点から理解しようとする。

その結果、これまで世帯単位の消費や収入を主体に考えられてきた貧困の定義が拡大されて、個人の脆弱性（vulnerability）、物理的・社会的な孤立、無力、不安、自尊心なども問題視されるようになった。全般的には、定量データでは十分に捕捉できなかった個人の内面の精神や心理状態を定性データとして収集し、幸福感（sense of well-being）や生活の質（quality of life: QOL）に関連する測定診断を積極的にすすめていこうという傾向がみられる。

参加型貧困アセスメントの基本原理は、意図された受益者、つまり貧困者が、貧困緩和・解消のための戦略決定過程に参加する保障である。このような戦略決定過程を定式化することで、貧困者が自分自身の視点から貧困の経験や原因を理解し、貧困の緩和・解消に向けた政策を立案する作業に参加できる。参加型貧困アセスメントの作業過程で、貧困者は貧困者であると同時に自らへの援助者となる。

3. 貧困状態の測定診断

(1) 参加型貧困アセスメントの要素

これまでの貧困アセスメントは、家計収入・支出や教育水準や健康状態に関する指標を用いて、世帯単位の貧困状態を数量化し分析してきた。新しく提唱された参加型貧困アセスメントは、貧困状態の診断精度を高めるために、より多くの測定指標を設定し、定量データだけでなく定性データも活用する。また、アセスメントの過程で、貧困の緩和・解消にかかわる利害関係者（stakeholders）を貧困地域内外から広範囲に参加させ、相互の意見交換を活発に行うことによって、貧困緩和・解消の当事者意識を自覚するようにうながす。

参加型貧困アセスメントとは、「貧困状態の分析と、公共政策をとおして貧困を緩和・解消するための戦略策定に、貧困者の意見を盛りこむための手段であ

る」（Norton *et al.*, 2001: p.6）。参加型貧困アセスメントにおいて、貧困者はアセスメントの過程を統制できる。貧困者は、アセスメントに参加し貧困状態についての情報を提供する。その他の利害関係者は、貧困者が提供する情報を共有し、貧困削減政策を検討する。その過程で、貧困者は貧困状態に関する専門的な意見をもっているとみなされ、政策立案にかかわる意思決定に貧困者も参加すべきであると考えられている。貧困者の潜在的な知識、技能、活動などの有効性に注目する見方である。この場合、貧困者は、貧困状態について評価し分析し、貧困の緩和・解消に向けて計画し実行する能力をもっていると仮定される（Robb, 1999）。

このような考え方の参加型貧困アセスメントは、①技術援助の選択、②実施機関の確認、③調査研究の目的と事項の確認、④調査チームの確認、⑤財政支援源の確認、⑥調査地と調査対象者の選定、⑦調査結果の分析方法の開発という7つの課題を基本要素として設計される（Norton *et al.*, 2001: pp.24-25）。

アセスメントの設計段階での技術援助は、多くの専門分野とその豊富な経験や技能を必要とするが、とくに政策研究に関する経験が参考になるだろう。また、アセスメントの進捗状況に応じて、新たな技術援助が求められるので、アセスメントの構成員の定期的な交替は得策ではない。調査研究の代表者が、現地調査の設計から分析結果をまとめるまでの全過程に責任をもつことが望ましい。

参加型貧困アセスメントの実施機関は、①中央政府、②地方政府、③非政府組織（NGO）、④学術集団の4つの範疇に分けられる。アセスメントを実施するにあたって、国家政策だけでなく地方政策の要求にも対応可能な多重構造が求められるなら、地方政府の関係者の関与が優先される。また、当事者能力を長期的に育成するという観点からは、国家機関を活用するのが賢明だろう。

調査研究の詳細な実施計画を立てる前に、基本的な調査目的について、アセスメントへの参加機関の合意を得る必要がある。とくに、調査が長期にわたるときは、すべての実施機関が事前に合意することが重要である。

調査チームの成員性（membership）は、鍵となる実施機関の構成員によって形成されることが多いが、例えば、ザンビアの事例のように、協働する組織（こ

の場合、ザンビア大学）から派生し、関係者が緩やかに結びついて形成された人的ネットワークを母体にして、特定の組織に所属しない人たちによって調査チームが結成されることもある。組織から独立した調査研究者がもつ潜在的な強みは、アセスメント後の追跡研究を含めて、長期間の活動に従事できることである。一方、実施機関の構成員を活用すると、政策決定過程への接近、アセスメントへの広範な参画、鍵となる人物や組織の意識改革などの効果が見こまれる。

　財政支援源には、資金提供者（donors）、政府、参加する非政府組織が含まれるが、政府の財政支援はアセスメントの成果を考えるうえで有効な指標である。財政面の柔軟な支援と長期見通しが、当事者間に必要な関係を形成しアセスメントの成果を高める。

　調査地および調査対象者の選定法は、①有意抽出法と②無作為抽出法とに分けられる。有意抽出法は、生計、社会集団、都市/農村、サービスや社会資本の利用などを基準に、その基準に照らして異なる水準の調査地を意図的に抽出する方法である。一方、無作為抽出法は、特定の基準について、統計学的に無作為に標本を抽出する方法である。

　選定に関する確認事項は、次の6つである。①調査地および調査対象者の選定の目的は何か？　例えば、剥奪による貧困の原因を探る調査は、生計や社会集団などを適切に非集合化する必要がある。②採用する抽出法によって、調査地について管理可能な数・分布が得られるか？　例えば、住民間の対立などの理由で、調査者が立ち入ることができない地域がある場合、どのように対処するか？　③採用する抽出法は、調査法に適合するか？　例えば、世帯単位の選定は、集団単位の参加型調査法には不適切である。④調査地および調査対象者の選定に影響するような政策について考慮しているか？　例えば、特定地区の政策策定過程・能力に焦点を合わせることは、地理的な調査範囲を制限する。⑤標本選定の分析的な意味合いは何か？　多くの定性データは、分析する意欲を掻き立てる。⑥アセスメントの政治面および技術面の信頼性に対して、選定された標本はどのように影響するか？

　調査結果の分析については、次の3つの問題がある。まず、調査結果から新た

な問題や調査事項を一般化する能力にかかわらず、どのような概念枠組みが調査研究に有効なのかという問題である。参加型調査は、一般的に自由記述式の回答なので柔軟であるが、多くの参加型貧困アセスメントが、調査とデータ分析を体系化するために、特別な枠組みを使用している。次に、調査法は、どのくらい標準化されるべきかという問題である。面接や、参加型学習・活動を集団分析するとき、半構造化された指導は、参加型調査や定性調査の膨大な記録をまとめ分析するのに有効である。さらに、調査結果をまとめる過程で、事前に関心をもたれなかった主題が採択されないことがある。調査主題と調査法それぞれに限定された関心の相互交換と両者の適切な均衡は、実際の調査の文脈から判定されなければならない。アセスメントの全段階をとおして、調査による発見や調査の過程を記録する計画を明確に立てておくと、調査結果を容易にまとめられる。

(2) 測定診断の反復

　調査研究の成果は、貧困状態を連続して測定診断する循環過程の体系に投入することが望ましい。ザンビアでの参加型貧困アセスメントは、その好事例である (Robb, 1999: p.9)。

　ザンビアでは、最初の参加型貧困アセスメントが終了した後、1995年から1997年にかけて、貧困状態の経過観察が同じような参加型の手法で毎年行われた。経過観察は、参加型アセスメントを実施する集団と非政府組織によって行われた。その目的は、貧困状態の継時的な変化を観察することだった。

　モニタリングの結果から、ザンビアにおける生計状態の傾向と変化が解明され、参加型貧困アセスメントと参加型貧困モニタリングは、貧困に関する国家政策に貢献することが実証された。また、ザンビアでの参加型貧困モニタリングは、貧困状態を理解するだけでなく、地域間の情報網を緊密にしながら、住民が貧困状態の経過観察に参加するように働きかけた。参加型アセスメントの実施集団による住民を交えた対話や参画や報告などの活動は、ザンビアの各地域で継続して行われている。

　このように、ザンビアの事例は、参加型貧困アセスメントを同一調査地に繰り

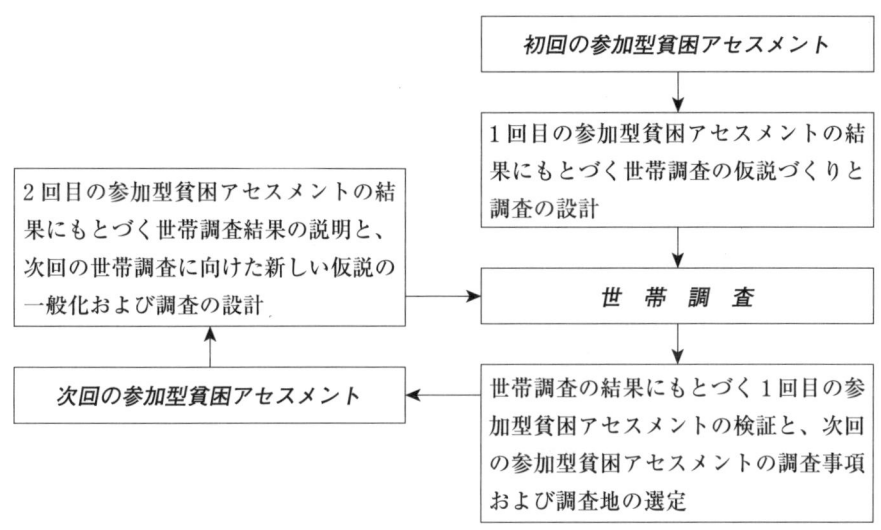

```
                    ┌─────────────────────────┐
                    │ 初回の参加型貧困アセスメント │
                    └─────────────┬───────────┘
                                  ↓
                    ┌─────────────────────────┐
                    │ 1回目の参加型貧困アセスメントの結 │
                    │ 果にもとづく世帯調査の仮説づくりと │
                    │ 調査の設計                │
                    └─────────────┬───────────┘
┌───────────────────────┐         ↓
│ 2回目の参加型貧困アセスメントの結 │   ┌─────────────────────────┐
│ 果にもとづく世帯調査結果の説明と、│   │    世 帯 調 査          │
│ 次回の世帯調査に向けた新しい仮説の│   └─────────────┬───────────┘
│ 一般化および調査の設計        │←──            ↓
└───────────────────────┘         
┌───────────────────────┐   ┌─────────────────────────┐
│ 次回の参加型貧困アセスメント    │←──│ 世帯調査の結果にもとづく1回目の参 │
└───────────────────────┘   │ 加型貧困アセスメントの検証と、次回 │
                            │ の参加型貧困アセスメントの調査事項 │
                            │ および調査地の選定            │
                            └─────────────────────────┘
```

（出所）C.M.Robb（1999）*Can the poor influence policy?: Participatory Poverty Assessments in the developing world,* Washington, D.C.: The World Bank, p.10.

図1 調査研究の理想的な循環実践

返し実施することによって、貧困状態の変化が確認され、より正確に受益者を発見し貧困者を特定できることを示している（図1）。また、調査を定期的に繰り返すことで、さまざまな社会水準の人びとや集団・組織の参加を促進して、相互の情報交換を活性化しネットワーク化させる効果がみられるので、草の根の声を国家の貧困削減政策に反映するような体系が構想されるようになった。さらに、住民の生活状態に関する他の調査研究活動との連携も考えられている。

（3）貧困削減政策への発展

貧困者の声を貧困削減政策に反映させようとする参加型貧困アセスメントのねらいは、必然的に政策決定の過程と効果についての検討を要請する。つまり、貧困者を正確に特定し貧困者の声を測定するだけではなく、貧困者が認知する貧困状態を緩和・解消するような政策を打ち出して、実際に貧困を削減しなければならない。そのため、参加型貧困アセスメントによって収集された情報のすべてが

政策決定に活用されるわけではない。政策決定の次元との関連性を欠く調査研究結果は、あまりに自明ないしは複雑な情報しか提供しないので、政策決定者の信用を得られない。したがって、アクション・リサーチ（action research）[2]と同様に、参加型貧困アセスメントは実践志向の強い調査研究と言えよう。

　調査結果を分析する初期段階で、政策決定者が加わると理解が深まる。重要な政策決定者に対する調査結果の素早い報告は、政策決定者に当事者意識をもたせる。分析の過程で鍵となるのは、多くのデータのなかから政策決定を左右するデータを誰が選択するかである。データ処理は、利害関係者の勢力関係で決まることが多い。

　従来の調査では、対象地域外の勢力に影響されることがあった（Robb, 1999: p.61）。具体的には、調査票の設計であり、政策決定者が知りたいことについて調査票が硬直的につくられることが多い。また、面接などで質問するときにも、例えば、十分な教育を受けた面接者が識字能力のない回答者に接する場合や、男性の面接者と女性の回答者、都会出身の面接者と田舎出身の回答者のような組み合わせでは、回答者が抑制的になって、面接者が聴きたいと思っていることを察知して話すような反応を表出することがある。さらに、データ解析についても、結果を公表する条件に制約されることがある。

　こうした状況下で、調査地の人びとは、調査結果の分析に関してある程度は統制力を行使できるが、分析結果が集約されて、最終的に国家の政策に翻訳される段階までかかわるのは難しい。そのため、地域社会の水準では豊富で詳細な貧困状態に関する情報も、政策策定のために国家の水準へ推定されると不正確になってしまう。このように、調査結果の分析や解釈を政策にまとめるまでには、調査が提供する情報はバイアスをともなう多くのフィルターを通過しなければならない（図2）。

　参加型貧困アセスメントによって貧困状態についての高い精度の診断結果を得ても、それが貧困緩和・解消の政策として結実しなければ無意味である。そのために、個別的で微視的な参加型貧困アセスメントの成果を、全体的で巨視的な貧困削減政策へと連結する体系を構築しなければならない。この体系は、中・長期

現　実

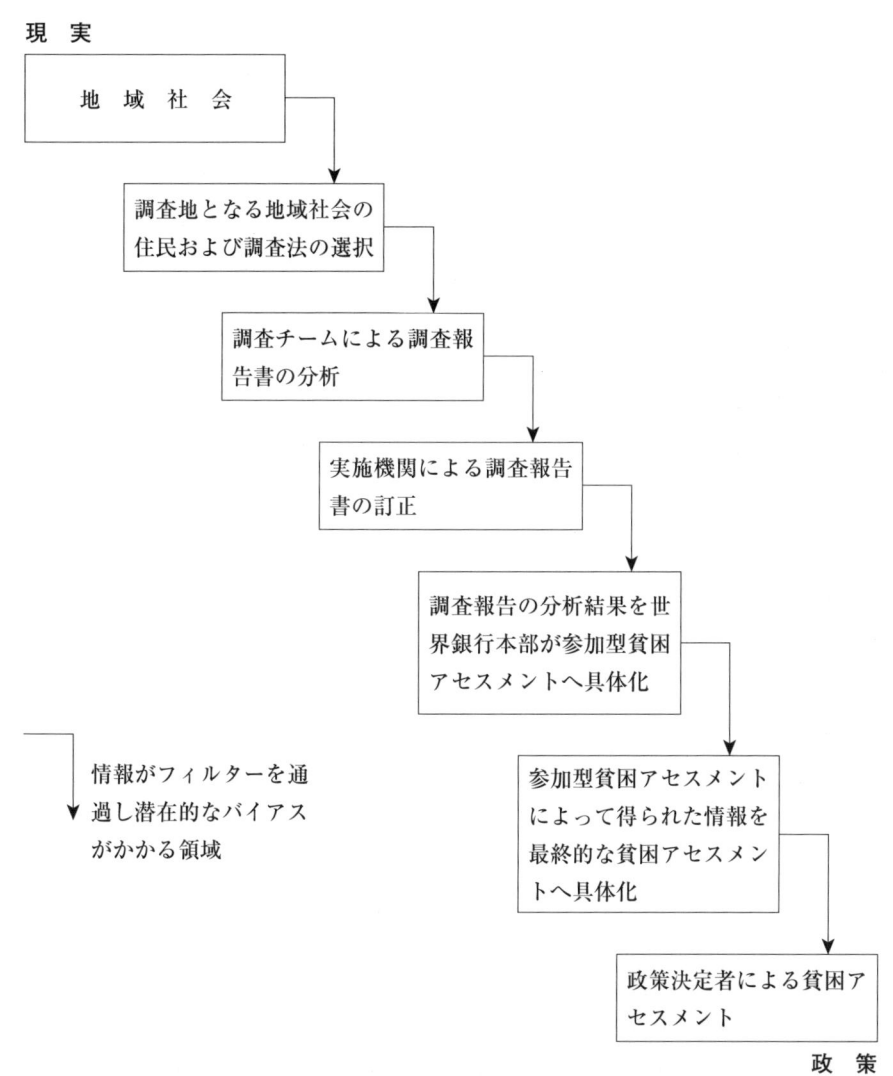

```
┌─────────────────┐
│  地 域 社 会     │
└─────────────────┘
        │
        ▼
   ┌──────────────────┐
   │ 調査地となる地域社会の │
   │ 住民および調査法の選択 │
   └──────────────────┘
           │
           ▼
      ┌──────────────┐
      │ 調査チームによる調査報 │
      │ 告書の分析       │
      └──────────────┘
              │
              ▼
         ┌──────────────┐
         │ 実施機関による調査報 │
         │ 告書の訂正      │
         └──────────────┘
                 │
                 ▼
            ┌──────────────────┐
            │ 調査報告の分析結果を世 │
            │ 界銀行本部が参加型貧困 │
            │ アセスメントへ具体化   │
            └──────────────────┘
                        │
                        ▼
                   ┌──────────────────┐
                   │ 参加型貧困アセスメント │
                   │ によって得られた情報を │
                   │ 最終的な貧困アセスメン │
                   │ トへ具体化         │
                   └──────────────────┘
                              │
                              ▼
                         ┌──────────────┐
                         │ 政策決定者による貧困ア │
                         │ セスメント       │
                         └──────────────┘
```

情報がフィルターを通過し潜在的なバイアスがかかる領域

政　策

（出所）C.M.Robb（1999）*Can the poor influence policy?: Participatory Poverty Assessments in the developing world,* Washington, D.C.: The World Bank, p.63.

図2　情報経路のフィルターとバイアス：ザンビアの参加型貧困アセスメントの事例

の見通しにもとづいた総合的な戦略と計画にしたがって運営されるだろう。貧困削減戦略文書は、こうした考え方に適合する手法である。

　貧困削減戦略文書は、より包括的な開発枠組みを設定して、巨視水準における貧困状態の診断、マクロ経済の再構築、公共支出の管理、戦略や政策の経過観察などに関する参加型の取り組み方を提示している。有効な貧困削減戦略を立案するためには、利害関係者の重層構造とその相互関係の解明や、政策評価の体系化が重要な課題と思われる。

4. 貧困削減の戦略

(1) 参加の概念

　調査地の住民に限定された個別の状況や要求に関心を寄せ情報収集する参加型貧困アセスメントは、継続的な貧困削減計画を確立し、貧困状態への対処政策を立案するための貧困削減戦略文書につながる。貧困削減戦略文書の実施過程をまとめると図3のようになる。

　参加型貧困アセスメントと同様に、貧困削減戦略文書についても、参加が鍵概念である。つまり、あるべき姿の発想をめぐる選択と意思決定（相川・栗原, 2001）に、貧困者や貧困問題にかかわる利害関係者をできるだけ実際に参加させようという考えである。

　参加型の方法は、目標とする具体的な成果（outcome）をあらかじめ明確に設定し、すべての利害関係者を目標達成に向けての計画化の過程に取りこんで、互いが直接に影響し合う体験をとおし当事者意識を喚起させる。参加の概念は、こうした当事者間の相互作用の過程を意味する。

　巨視水準での計画化や政策決定への参加には、①利害関係者の集団、②政治活動の諸過程、③参加への取り組み方や方法の3つの主要な要素が含まれる。この3要素が有機的に結びつくように、貧困削減戦略を構想するのが基本である。そのさい、参加型貧困アセスメントによる貧困状態の測定診断結果と利害関係者に

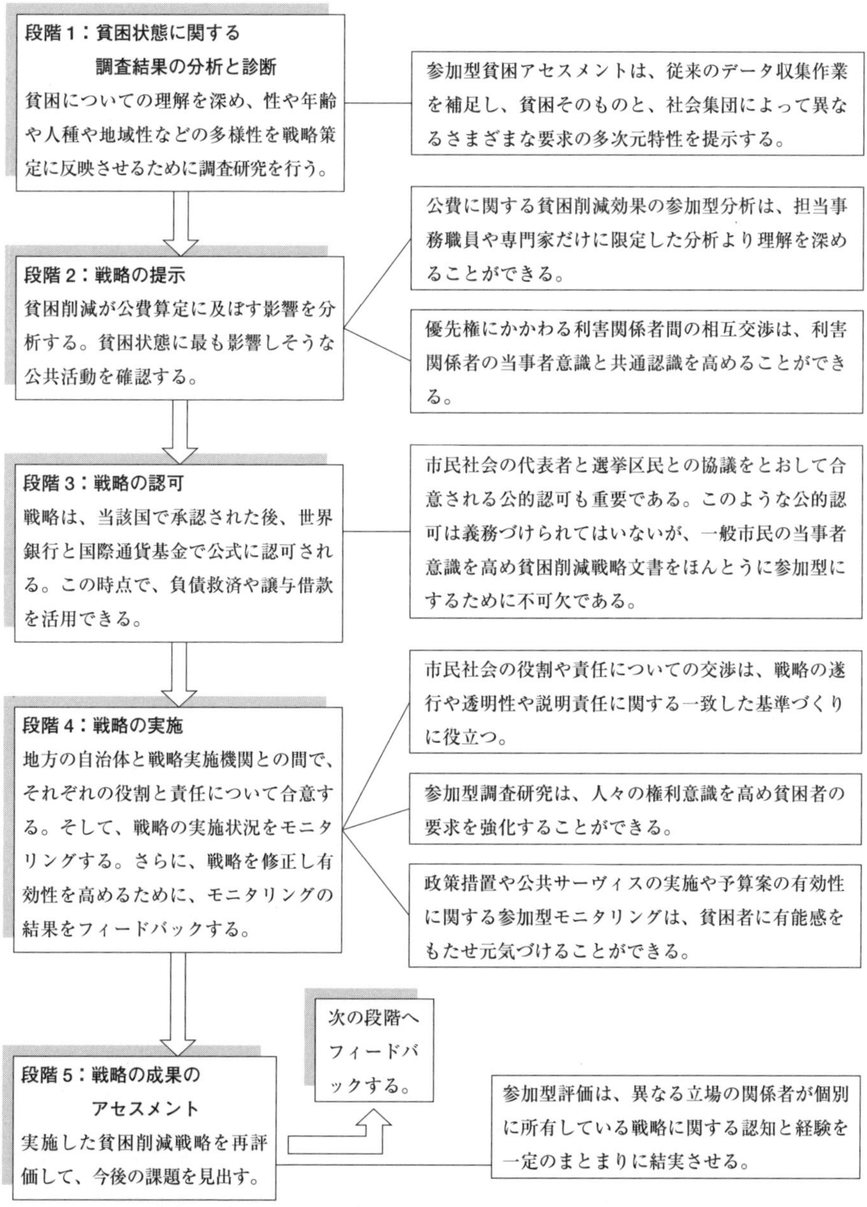

段階1：貧困状態に関する調査結果の分析と診断
貧困についての理解を深め、性や年齢や人種や地域性などの多様性を戦略策定に反映させるために調査研究を行う。

→ 参加型貧困アセスメントは、従来のデータ収集作業を補足し、貧困そのものと、社会集団によって異なるさまざまな要求の多次元特性を提示する。

段階2：戦略の提示
貧困削減が公費算定に及ぼす影響を分析する。貧困状態に最も影響しそうな公共活動を確認する。

→ 公費に関する貧困削減効果の参加型分析は、担当事務職員や専門家だけに限定した分析より理解を深めることができる。

→ 優先権にかかわる利害関係者間の相互交渉は、利害関係者の当事者意識と共通認識を高めることができる。

段階3：戦略の認可
戦略は、当該国で承認された後、世界銀行と国際通貨基金で公式に認可される。この時点で、負債救済や譲与借款を活用できる。

→ 市民社会の代表者と選挙区民との協議をとおして合意される公的認可も重要である。このような公的認可は義務づけられてはいないが、一般市民の当事者意識を高め貧困削減戦略文書をほんとうに参加型にするために不可欠である。

段階4：戦略の実施
地方の自治体と戦略実施機関との間で、それぞれの役割と責任について合意する。そして、戦略の実施状況をモニタリングする。さらに、戦略を修正し有効性を高めるために、モニタリングの結果をフィードバックする。

→ 市民社会の役割や責任についての交渉は、戦略の遂行や透明性や説明責任に関する一致した基準づくりに役立つ。

→ 参加型調査研究は、人々の権利意識を高め貧困者の要求を強化することができる。

→ 政策措置や公共サーヴィスの実施や予算案の有効性に関する参加型モニタリングは、貧困者に有能感をもたせ元気づけることができる。

段階5：戦略の成果のアセスメント
実施した貧困削減戦略を再評価して、今後の課題を見出す。

次の段階へフィードバックする。

→ 参加型評価は、異なる立場の関係者が個別に所有している戦略に関する認知と経験を一定のまとまりに結実させる。

（出所）S.Tikare *et al.* (2001) *Organizing participatory processes in the PRSP,* Washington, D.C.: The World Bank, p.7.

図3　貧困削減戦略文書の実施過程と「参加」による促進効果

関する分析結果にもとづいて、参加の活動を具体的に計画することが重要である。とくに、成果志向の構造化された参加計画を設計するためには、資源を無制約に参加活動に投入するのではなく、成果に結びつくように意図された投入を考えなければならない。

参加計画は、4つの段階で構成される（Tikare *et al.*, 2001: pp.19-26）。第1段階では、当該国の過去と現在の参加に関する実態を再調査して、参加計画の出発点を定める。ただし、政治の構造、国家の開発戦略にかかわる諸事情、市民や政府の諸機関、過去に政治主導で行われた参加への取り組み方、中央と地方の双方の組織力などは各国で異なるため、それぞれの実情に応じた参加計画を立てなければならない。

参加の出発点が定まり、そこから計画を立てる第2段階の課題は、利害関係者の分析である。利害関係者については、鍵となる人物を特定するだけでなく、すべての利害関係者が、全体的に調和して参加できるような活動を計画する。

利害関係者の分析は、次の4つの段階に区分できる。①通常は除外されてしまうような人たちを含めて、利害関係者の多様性を確保する。②利害関係者にとって最重要な問題（例えば、飲料水、失業、暴力など）を決定する。③利害関係者が個別に取り組めそうな問題とその取り組み方（例えば、講習会、フォーカス・グループス、面接など）を選考する。④参加計画にかかわる利害関係者の代表を選抜する。

鍵となる利害関係者は、貧困者や社会的弱者などを含む一般市民、政府、非政府組織などの市民団体、民間セクターなどであるが、とくに、資金提供者については、労力提供をめぐる調整、費用の分担、当事者意識の共有の程度、資金提供者の間で異なる関心や技能の共同体制化などが、資金提供を要請するうえで決め手になる。また、利害集団が合法的に登録され、その目的に沿った活動をしていること、選挙民の関心や要求を代表していること、目標を達成できるだけの組織力や分析力をもち、要求や興味を明確に表明し、他の利害関係者との話し合いの場で、当該利害集団の構成員を代表できる場合、参加する利害関係者の有効性は保証される。

出発点を確認し利害関係者を分析したのちの第3段階では、参加過程の質や参加度の深さに関する次の6点について検討し、実行できそうな参加の水準を決める。

　①政府の貧困削減戦略が提示する参加の過程や予定表に関する情報が、どの程度あるいはどのような意味内容で市民に伝わっているか？

　②参加過程が、これまでの貧困削減戦略やそれに関連する開発戦略の組織化と、どの程度、どのくらいの範囲、どのくらいの水準、どのような質で関係しているか？

　③貧困者は、データの収集や解析を協働し、貧困についての自身の認識を実際に提示しているか？　また、収集し解析された情報は、貧困状態の輪郭を新たに描き直して意思決定するために活用されているか？

　④政府内外での優先順位の決定、資源配分、モニタリングに、どのくらい参画するか？

　⑤貧困状態のモニタリングや、貧困削減戦略、あるいはその関連政策の効果測定に、参加型の取り組みが適用されているか？

　⑥政策の進展、計画の策定と実行、資源配分への参加を制度化する仕組みが、国と地方の双方にあるか？

　そして、最後の第4段階では、実際に実行可能な参加計画を立案する。まず、貧困削減戦略の過程全体を統括するような制度化が必要である。多くの利害関係者を、貧困削減戦略とその予算を示す枠組みのなかに組み入れなければならない。

　次に、一定範囲の選択肢から貧困削減戦略の目標を選定する。そのさい、目標選定にかかわる諸活動の実施期限を明確に設定することが、参加計画を実践するうえで重要である。そのために、次の4つの段階が考えられる。まず、①いろいろな情報機関や公共の場で市民と直接対話して、設定した目標と目標達成活動への評価およびフィードバックを得る。次に、②政府の活動に市民が積極的に参加して、政策に関する市民の当事者意識が高まるように、選挙の周期に応じて参加できるような予定を立てる。さらに、③貧困削減戦略の実施状況を査定するため、参加型モニタリングを計画する。そして、④国政にかかわる参加型の仕組みを制

度化する。具体的には、参加型の貧困削減の過程を、中期の予算計画立案のような政府内の政策決定・実施に結びつけることで、参加型の取り組みを実践的に標準化できる。こうして貧困削減に関する政策は、予算配分・支出と直接に結びつく。

　また、参加の過程に要する総費用は、国によって異なる。費用を節約する方法には、①国際標準の料金や高額の交通費などを要求しそうにない地方の収容力を活用する、②政府や市民社会のネットワークや大学の研究所と共同する、③成功の鍵を握るほどではないが、ある程度は公認されている集団、面接や取材による情報収集、市民大会（town hall meetings）などを組織化する、④専門技術や費用を分担するための議論に、外部の資金提供者を参加させることなどがある。

　さらに、情報の共有化や透明性、説明責任を果たすような参加過程を実現するには、周到な計画と十分な時間が必要である。これまでの貧困削減戦略文書は、債務の制約で参加期間を最大12カ月から18カ月として計画しなければならなかったが、成果に関するモニタリングへの参加を計画することも重要である。

(2) 利害関係者の相互関係

　貧困状態の緩和・解消に参加する個人や組織は、共通の目的ばかりでなくそれぞれの利害を絡めて相互に作用し合う。利害関係者の勢力差は、貧困削減戦略の実施に影響する。

　重要な利害関係者としては、官僚、マス・メディア、企業などの連合体、地方の代表組織などがあげられる。マス・メディアや企業などの連合体は国家水準の市民参画であり、また、地方の代表組織は地方水準の市民参画である。貧困削減戦略文書やその他の経済開発計画は、政府内のコミュニケーションおよび協働体制が十分に確立されないと着手できない。

　鍵となる利害関係者の有効性は、さまざまな集団、とくに政府内の集団を適切に代表していることによる。集団の適切な代表性は、集団の機構としての有効性を示すのと同じくらいに集団に対する信用を高める。貧困状態の緩和・解消に向けての主要な目的は、政策を実施する組織の頂点まで草の根の声を到達させるこ

となので、集団の代表性は、利害関係者の有効性を評価するうえで重要な論点になる。とくに、政府に対してそれほど影響力をもたないような小さな組織は、他の組織とのネットワークを構築するなどして、草の根の声をできるだけ生かすような体制づくりをしなければならない。

また、利害関係者の勢力は不均衡なので、貧困削減戦略の計画実施は、相対的に大きな勢力を行使する利害関係者の意向に左右されがちになる。したがって、相対的に小さな勢力しかもたない利害関係者の主張が軽視されないように工夫する必要があると言えよう。

しかし、この問題についての世界銀行の見解は、政府や資金提供者や国際機関など、さまざまな利害関係者の勢力を均衡化させるのは実際に不可能であり、重要なのは、貧困削減戦略の計画化の過程に当該国の関係者をできるだけ取りこんで、交渉はもちろん計画化の進行過程で、彼らに期待される特定の役割を積極的に果たすようにうながすことであると説明している[3]。世界銀行は、当該国への直接的な政治介入をしないという立場で、政府の最高意思決定者に貧困者の状況を周知させることによって、貧困者を間接的に支援しているという。

貧困削減戦略を計画する過程で、利害関係者の有効な参加を実現するためには、当該国の文化特性を尊重し、文化社会体系の構造と機能に順応しなければならない。普遍的で画一的な価値観をもちこんで、観念的な理想を一方的に強制すべきではない。あるべき姿の異質性への共感力（Davis, 1994）が問われる。文化の違いに配慮しない無理解から実施される政策では、根本的な貧困削減は望めないだろう。大きな発言力をもつ国や機関が、当該国の関係者に不必要な働きかけをして、草の根で貧困状態にある人びとの声を、政策決定者に周知させ、有効な貧困削減政策を施行させるという本来の目的が阻害されないように、利害関係者は各自の役割期待に応えなければならない。

(3) 成果の評価

貧困削減戦略の成果は、政策内容が貧困者の関心事を反映していることが前提になる。この問題は、関連情報がどのくらい公開され、関係者の間で相互に意思

疎通がはかられているかによる。情報を適切に伝達するには、地域住民と国際機関との信頼関係だけでなく、地域住民が自国政府を信頼することも大切である。地域住民の自国政府に対する信頼と、貧困削減の関連情報への信用とは相関する。

また、参加型貧困アセスメントによって発見された事実は、貧困削減戦略文書のなかで具体的な資源配分や経費算定などに翻訳されるが、必要に応じて従来の政策を変更することもある。表1は、参加型貧困アセスメントの結果から政策の一部が変更されたヴェトナムの事例である。

1990年代にヴェトナム政府は、労働傷病兵社会問題省（Ministry of Labor, Invalid and Social Affairs: MOLISA）を中心に飢餓撲滅・貧困削減（Hunger Eradication and Poverty Reduction）に取り組んだ結果、1993年に58.1％だった貧困率[4]は、1998年には37.4％に低下した（JICAヴィエトナム事務所, 2003）。一方、資金提供者は、1999年に実施された参加型貧困アセスメントの結果をまとめた「ヴェトナム開発報告書2000――貧困への取り組み（Vietnam Development Report 2000: Attacking Poverty）」を発展させて、包括的な貧困削減戦略（Comprehensive Poverty Reduction Strategy: CPRS）の策定に合意し、2000年に暫定版PRSP（Interim-PRSP）、2001年には完成版PRSP（Full-PRSP）を起草した。そして、2002年5月21日に、ヴェトナム政府は完成版PRSPを包括的貧困削減・成長戦略（Comprehensive Poverty Reduction and Growth Strategy: CPRGS）として承認した。

ヴェトナムの開発が順調にすすんでいる理由として、1980年代の貯蓄率の増大（石川, 2003）や、旧社会主義体制の基盤を反映し、社会開発部門より社会資本主体に援助資金を配分できること（笹岡, 2001）などが指摘されているが、貧困削減だけでなく経済成長も重視するヴェトナム政府の方針と、政府が自主的に包括的貧困削減・成長戦略の草稿をまとめたことに示される当事者としての主体性や強い団結心も見逃せないだろう[5]。また、政府による開発計画の策定作業と、資金提供者による貧困削減戦略文書の作成とが、同じような方向性をめざしていたことも進行を円滑にしたと思われる。

しかし、開発援助が非経済部門に及んで包括的に取り組まれるようになると、

表1 参加型貧困アセスメントの結果にもとづく政策変更：ヴェトナムの事例

参加型貧困アセスメントの結果	政策立案中の変更事項
とくに、所有する土地の規模が縮小し、しだいに土地に依存しなくなっている人たちから、生計を維持するための機会の拡大を求める強い要求の表明（すべてのPPAの結果による）	（世界銀行と国連開発計画〈United Nations Development Programme: UNDP〉によって設立され、メコン・プロジェクト開発施設が運営している）チャ・ヴィンの農地外地域を対象とした開発に関する検討
高地に住む少数民族の軽視（ラオ・カイとチャ・ヴィンでのPPAの結果による）	PPAの結果を少数民族開発計画に盛りこむように、UNDPが主体となって検討することを計画
貧困世帯の耐え難い最大の問題は劣悪な健康状態で、各世帯および地域社会には不健康による脆弱性が浸潤	1. 現在、厚生部局および公共支出の見直し事項として、医療関連の十分な経費を再検討中 2. 地域社会全体におよぶ衝撃や災害への対策法開発に関する集約的な援助を、政府が資金提供者に要求
生計を左右するような政策策定の主導権や予定・計画に関する情報の欠如と、意思決定過程からの疎外感の表明	貧困世帯が情報に接する正当な権利の欠如と「貧困の認識」を、貧困削減戦略における対処すべき問題として政府が設定
貧困と生活共同体水準の財政機構との連結（ハ・ティンでのPPAの結果による）	公共支出に関する再検討事項のなかに、世襲地と任意の社会保険料に関する研究を含めて、その結果について大蔵省と議論
貧困者の教育に要する高い直接経費	現在、公共支出の見直し事項として再検討中
1. とくに、子どもと女性の脆弱性が顕著な世帯内において、不衡平に帰因する多くの問題 2. 社会文化的性（gender）に関係する不幸（ill-being）の諸次元	社会文化的性（gender）の問題解決に関する戦略の提示を試みた「ヴェトナム：貧困との戦い」をとおして、PPAによって多くの情報を得た「政府―資金提供者―非政府組織によるジェンダー戦略作業部会」の活動
未登録の都市移住者の窮状	ホー・チ・ミン市内のいくつかの地域では、飢餓撲滅および貧困削減信用貸付（credit）計画に、長期未登録移住者を含めるように基準を改定済み
ハ・ティンの諸問題	地方政策と、飢餓撲滅および貧困削減信用貸付計画にしたがって対処（生活共同体水準の世襲地と社会保険料に関する政策や、公共投資の優先順位を含む）

（出所）S.Tikare *et al.* (2001) *Organizing participatory processes in the PRSP,* Washington, D.C.: The World Bank, p.31.

歴史や伝統、風習、民族、宗教など、社会文化の地域特性について理解を深め、文化を保存しながら開発するという観点が重要になる。ヴェトナムの場合、全人口の88％はキン族が占めているが、その他に53の少数民族が、「噛み合う櫛の歯」と呼ばれるほど複雑な居住地域を形成している（JICAヴィエトナム事務所，2002）。例えば、森林保護のために植林し、多くの少数民族が行っている移動型の焼畑農業を制限するには、彼らの生活に適合した別の生産手段を提供しなければならない。移動型の焼畑農業を営む少数民族に国境の観念はなく、隣国へ自由に往来している。また、国語であるヴェトナム語の識字教育は、少数民族の生活共同体（commune）で、実際に言語使用の状況を把握したうえで行う必要がある。さらに、ヴェトナムの最小行政単位は生活共同体であるが、生活共同体内には伝統村落のムラが点在し、「王の法よりムラの掟」という諺どおり、ムラは国家に対して高い自律性をもっている。生活共同体の住民は、集団所有と平均・平等主義の価値観で生活し、ムラ単位で厳重な規律を守っている。このような実態は、参加型貧困アセスメントによって明らかにされ、政策策定の重要な基礎情報になっている。

一方、ホー・チ・ミン市などの都市では、貨幣経済化するなかで都市化がすすみ貧困が発生している。それとともに、犯罪、売春、エイズ、麻薬中毒者、児童労働（child labor）、路上生活する子どもたち（street children）などが増えて問題になっている[6]。都市化の進展以外にも、ヴェトナム戦争の影響で結婚できなかった女性が多いため、家族の形態が複雑になっている事情もある。子どもは家族として戸籍に登録するが、その公式の統計には存在しないので確認できない子どもたちが、公的諸施策の適用範囲外に多数いるのが実態である。

ともあれ、立案された貧困削減政策は、その目的や目標、実施過程、結果（output）、成果、効率性などに関する評価にもとづいて真価が問われる。政策評価の目的は、①意思決定を改善するための材料提供、②財政、人材、資材、時間、情報などの資源配分を最適化・効率化するための材料提供、③納税者への説明責任を向上させるための材料提供である（龍・佐々木，2000）。

貧困削減政策の評価は、実施過程と成果が主要な論点と言えよう。貧困者が望

むように貧困状態が改善された場合に当該政策の成果は確認されるが、期待される成果は、当初の計画どおりに政策が実施されることが前提条件である。このように、貧困削減政策の実施過程とその成果に関する評価とは密接に関連している。

龍・佐々木（2000: pp.37-92）によると、政策の実施は、実際にはいとも簡単に当初の計画からずれるという。期待された成果があがらないのは、政策自体の陳腐な内容より、計画どおりに実施されなかった過程に問題があることが少なくない。

実施過程の評価は、計画値と実績値とがどのくらい一致しているかを定期的に観察するモニタリングが主体である。具体的には、①当初の計画で想定された質・量の諸資源が投入されているか、②当初の計画で想定された質・量の活動が行われているか、③当初の計画で想定された質・量の結果が得られているか、④当初の計画で想定された成果、つまり改善効果が現れているかを観察する。これらの観察は、原則として数値化された指標群に関するフィードバック情報を提供し、実施過程の点検作業に寄与する。さらに、成果の発現に影響すると見こまれる外在要因に関する指標値を記録することも重要である。

また、実施過程の評価から判明する政策実施の失敗、つまり実施が当初の計画とずれてしまう事態の典型例として、次の3つがあげられる。まず、当初の計画で想定された量の活動水準に達していない不完全な実施の場合である。次は、当初の計画で想定された質の活動とは違う誤った実施の場合である。そして、時期や場所を変えるたびに変動するような標準化されていない実施の場合である。

実施された政策の成果は、①当該政策を実施した対象と実施しなかった対象との差を比較する場合と、②同一対象について当該政策の実施前後の差を比較する場合が、評価の基本枠組みになる。また、成果の評価は、当該政策の実施対象に現われた変化の総量、つまり総効果（gross impact）ではなく、政策そのものの効果、つまり純効果（net impact）を明らかにしなければならない[7]。

成果の評価は、時間と費用に制約されることが多い。また、成果を評価する場合、①政策の明確な個別目標（objectives）、つまり改善効果の数値による測定可能性、②政策の実施結果と改善効果との明確な因果関係、③当初の計画どおりの

政策実施という3つの前提条件が、すべて満たされているかを確認しておく必要がある。

5. 有能感による自己統制

貧困削減に向けた当該国の包括的な経済・社会開発計画である貧困削減戦略文書は、当該国主導の主体性を尊重するという基本理念の実際的な危うさは解消されていないが、あるべき姿の発想をめぐる選択と意思決定への参加機会が着実に増大していることを重視したい。修辞として参加の概念を巧妙に用いながら、参加の実践に必要とされる方向性や形式の変更には責任をとらない多くの実態から、参加の概念をたんなる高尚な意見や大衆的な流行好きとみなす見方も一部にある (Oakley et al., 1991)。しかし、貧困者参加の開発は、理想主義、人道主義、平等主義の理念のみではなく、実践に関して理論的にも有効と考えられる。石川 (2003) は、貧困削減戦略文書の開発モデルとしての有効性について、参加型貧困アセスメントによって、経済分野から非経済分野まで貧困者の生活を広く深く知ることで、充実した政策項目を提示できると指摘した。

当該国主導の主体性は、さまざまな人びとを貧困削減の活動に動機づける問題として議論できるだろう。動機づけの主要因は、貧困であることへの気づきであり、あるべき姿について貧困者が考えることがきっかけになる。つまり、貧困者が現在の生活を変えようと行動する気持ちになるのは、現在の生活と別の生活が示す魅力ある選択肢との落差を認知した場合と考えられる。あるべき姿の発想は、貧困者の望みをかなえる活動として具体的な生活目標を設定し、その達成を支援する過程から生まれる。貧困者の発想が乏しい場合は、現在の生活と比較するため、彼らの考えを特定の方向に誘導しないように関連する情報を提供し、発想の選択肢を増やす必要があるかもしれない。あるべき姿は理想であり目標でもあるので、貧困者との対話をとおして、助言し指導する相談者としての働きかけが求められる。

認知したあるべき姿への期待は、あるべき姿を実現できるという自身の潜在能

力への確信度が高い場合、貧困を削減する活動の動機づけになる。このような自己効力感（self-efficacy）は、①課題を達成できた自身の経験、②課題を達成できた他者を観察する経験、③課題を達成した経緯や、そののちの状態を説明することによる納得、④身体的・生理的な知覚や、成功失敗の原因を認識することにともなう情動の喚起に影響される（Bandura, 1971; 1977; 1986）。

とくに、課題達成の成功体験を自己認知させることは、貧困削減の活動への内発的動機づけ（intrinsic motivation）[8]を引き出す可能性があるので重要である。そのためには、日常生活の改善目標を設定する場合、目標が難しすぎたり易しすぎたりしないように、適切な難易度を個別に調整して達成動機が高まるようにする。目標達成の成功体験は、自己評価を高め有能感を育む。つまり、自身の生活を自己統制できるように感じられる。そうなると、貧困を緩和・解消する活動への主体的な参加が見こめるので、活動全体が活性化すると思われる。

有能感による自己統制の出現は、自身の生活について自由に必要な選択ができるよう貧困者の潜在能力を開発した成果である。つまり、当該国が主導する主体性の基盤は、貧困の緩和・解消に向けて自信をもって内発的に取り組む人材の育成と能力開発にあると言えよう。経済成長が持続しないと貧困を削減できないので、貧困者への直接的な施策に偏向した政策手段にとらわれないよう注意しなければならない（牧野, 2002）。しかし、例えば、他国と比べて所得貧困の差がそれほどなかったヴェトナムが、安定した成長を遂げているのは、人材を育成・開発する社会基盤が整備されているからと思われる（笹岡, 2001）[9]。したがって、今後の貧困削減を目標にした開発援助の成果は、主に人材を育てるための援助にかかっていると言えよう。

【註】
(1) 参加型貧困アセスメントおよび貧困削減戦略文書について、2001年8月にワシントンD.C.の世界銀行本部で、社会開発局のP.シャー（Parmesh Shah）氏に意見を求めた。貧困削減戦略文書は、参加型貧困アセスメントの成果をマクロ経済における実践に結びつけることを目的として作成される。詳細は、Tikare *et al.* (2001) を参照されたい。

なお、中村修三世界銀行東京事務所長には、P.シャー氏への聞き取り調査の機会を設けていただいた。バーン・モーア大学（Bryn Mawr College）の白石千尋さんには、聞き取り調査結果の整理を手伝っていただいた。外山惠美子厚生労働省勤労者生活部勤労者生活課長補佐には、関連資料を提供していただいた。記して謝意を表したい。

(2) 集団力学（group dynamics）の技法を用いて、ある目的に向かって集団活動を誘導するために、現場の実務家と研究者とが協力して、集団活動の具体的な展開過程を観察・記録・分析し、その診断結果をフィードバックして、集団が抱える問題の解決や集団の変革を図る社会工学（システム工学と社会科学との結合）的な研究である。

集団内の人間関係の改善、集団活動の生産性の向上、集団間の軋轢の解消など、集団過程（集団構成員が相互に影響し合い、その影響の程度や性質に応じて、構成員が集団の一員として行動する過程）に介入してその変革や改善をめざす点で、実践的な性格の強い教育訓練・管理の技法でもある。

参加型貧困アセスメントは、既存の集団活動を対象にするのではなく、むしろ特定の活動を組織化することを目的にしていると言えよう。しかし、参加型貧困アセスメントが経過観察のために行われるようになると、集団過程の変革や改善を目的とするアクション・リサーチと同じような性格の調査研究として考えられる。

(3) (1)と同様に、世界銀行社会開発局のP.シャー氏の意見である。

(4) ヴェトナムでは、統計総局（General Statistical Office）および世界銀行が使用する貧困基準と、労働傷病兵社会問題省が使用する貧困基準とが併用されている（JICAヴィエトナム事務所, 2002）。前者を国際貧困基準、後者を国内貧困基準と区分し、国際貧困基準はヴェトナムの貧困度を国際比較するため、国内貧困基準は国内の貧困者を正確に把握し、国家の貧困削減戦略の指標にするために使用されている。

国際貧困基準は、劣悪な貧困者を特定するための食糧貧困基準と貧困基準とに区分されている。食糧貧困基準は、国際水準で定められた1人当たり1日に必要な2100kcalを摂取できる食糧を購入するための価格を基準に、1人当たりの平均

支出がこの基準より低い世帯を食糧貧困世帯とする。一方、貧困基準は、食糧以外の財・サービスへの支出額を食糧貧困基準に加算した価格である。この基準を適用すると、1992～1993年の食糧貧困率は24.9％、貧困率は58.1％だったが、1997～1998年には食糧貧困率が15.0％、貧困率は37.4％に減少している。

　　また、国内貧困基準は1997年に設定され、飢餓貧困基準と貧困基準とに区分されている。飢餓貧困基準は、1カ月13kgの米あるいは4万5000VND（1997年の価格水準）を基準にしている。貧困基準は、①農村・山岳・島では、1カ月15kgの米あるいは1人当たりの所得5万5000VND、②平野農村・盆地では、1カ月20kgの米あるいは1人当たりの所得7万VND、③都市では、1カ月25kgの米あるいは1人当たりの所得9万VNDを基準にしている。この貧困基準を適用すると、1992年の貧困率30.0％は着実に減少し、1998年には15.7％まで低下した。その後、2001年に修正された新しい貧困基準は、それまでの2つの基準をひとつにまとめて、①山岳・島では、1人当たりの所得8万VND/月あるいは96万VND/年、②平野農村・盆地では、1人当たりの所得10万VND/月あるいは120万VND/年、③都市では、1人当たりの所得15万VND/月あるいは180万VND/年としている。古い基準では、2000年の貧困率は約11％であるが、新しい基準では17.2％と推測されている。

(5) 貧困削減戦略文書に関連するヴェトナム政府の活動状況について、2003年3月にハノイ市とホー・チ・ミン市で、国際協力事業団事務所の担当者に意見を求めた。

　　なお、牧野耕司JICA国際協力総合研修所副主任研究員には、JICAヴェトナム・ハノイ事務所での聞き取り調査の機会を設けていただいた。JICAヴェトナム・ハノイ事務所では、天津邦明氏と稲葉恵子氏からPRSPにかかわる実情を説明していただいた。JICAヴェトナム・ホー・チ・ミン連絡所では、田島久氏からホー・チ・ミン市の貧困問題についてうかがった。記して謝意を表したい。

(6) ホー・チ・ミン市の貧困問題について、2003年3月に特定非営利活動法人国境なき子どもたちの大上博史氏に意見を求めた。記して謝意を表したい。

　　ヴェトナムは、援助の姿で他国が侵入してくることをすでに経験ずみなので、非政府組織の活動に対しても法的制約が強いという。そうしたなかで、国境なき子どもたちは、路上生活する15～19歳の子どもたちを対象に、彼らの考えを尊重しながら個別に相談に応じて、例えば、ヘア・ドレッサーやバイク修理など、職業教育訓練の機会を専門学校に委託し、子どもたちに提供している。その目的は、子どもたちが自立して生活できる手段を身につけさせ、生活共同体へ返すことである。また、そうした子どもたちの事例を集めて、政策に反映させるように提言している。

(7) 龍・佐々木（2000: pp.37-92）によると、純効果は、次のような概念式で示される。

①当該政策を実施した対象と実施しなかった対象との差を比較する場合、

純効果＝（当該政策が実施された対象の成果指標値－当該政策が実施されなかった対象の成果指標値）－外在要因による影響値－評価設計による影響値

②同一対象について当該政策の実施前後の差を比較する場合、

純効果＝（当該政策が実施される前の対象の成果指標値－当該政策が実施された後の対象の成果指標値）－外在要因による影響値－評価設計による影響値

　また、この概念式にしたがって評価するさいに、次の3つの課題が重要になる。

①どのようにして2つの対象を特定するか。

②どのようにして外在要因による影響値を最小化するか。

③どのようにして評価設計による影響値を最小化するか。

(8)　特定の報酬を得るためではなく、活動そのものへの意欲を内発的動機づけという (Deci, 1975)。この考え方は、人の認知構造のなかに行動を触発する動機を仮定する。

　内発的動機づけは、人が自身の知識と、環境からの働きかけとの適度な認知的不協和を経験するさいに生ずるという。

(9)　(5)と同様に、JICAヴェトナム・ハノイ事務所での聞き取り調査から、ヴェトナムの学校教育について、指示どおり熱心に働く勤勉性を育てる素晴らしさの反面で、創意工夫や応用が利かないなど、創造性の育成がやや欠けているという意見を得た。また、少数民族は、教育の意義をあまり理解していないが、その背景には、子どもも働かないと生活が苦しいので勉学できない事情があるという。

【参考文献】

Bandura, A.（1971）*Social learning theory*, Morristown, New Jersey: General Learning Press.（原野広太郎・福島脩美訳〈1974〉『人間行動の形成と自己制御――新しい社会的学習理論』金子書房）

Bandura, A.（1977）*Social learning theory*, Englewood Cliffs, New Jersey: Prentice-Hall.（原野広太郎監訳〈1979〉『社会的学習理論――人間理解と教育の基礎』金子書房）

Bandura, A.（1986）*Social foundations of thought and action: A social cognitive theory*, Englewood Cliffs, New Jersey: Prentice-Hall.

Davis, M.H.（1994）*Empathy: A social psychological approach*, Boulder, Colorado: Westview Press.（菊池章夫訳〈1999〉『共感の社会心理学』川島書店）

Deci, E.L.（1975）*Intrinsic motivation*, New York: Plenum Press.（安藤延男・石田梅男訳〈1980〉『内発的動機づけ――実験社会心理学的アプローチ』誠信書房）

Narayan, D. *et al.*（2000）*Voices of the poor: Can anyone hear us?*, New York: Oxford University Press for the World Bank.

Norton, A. *et al.*（2001）*A rough guide to Participatory Poverty Assessments: An introduction to theory and practice*, Overseas Development Institute.

Oakley, P. *et al.*（1991）*Projects with people: The practice of participation in rural development*, Geneva: International Labour Organization.（勝間　靖・斉藤千佳訳〈1993〉『「国際開発論」入門――住民参加による開発の理論と実践』築地書館）

Robb, C.M.（1999）*Can the poor influence policy?: Participatory Poverty Assessments in the developing world*, Washington, D.C.: The World Bank.

Tikare, S. *et al.*（2001）*Organizing participatory processes in the PRSP*, Washington, D.C.: The World Bank.

World Bank（1991）*Assistance strategies to reduce poverty*, Washington, D.C.: The World Bank.

相川哲夫・栗原伸一（2001）『政策評価手法論――農村地域のソフトシステム型計画における』農林統計協会

石川　滋（2003）「PRSP体制の有効性について」『国際協力研究』19(1), pp.1-15

JICAヴィエトナム事務所（2002）『貧困・ITにかかわる調査――社会文化的要因（平成13年度在外専門調整員報告書）』

JICAヴィエトナム事務所（2003）『ヴィエトナムPRSPの現状』

牧野耕司（2002）「PRSP（貧困削減戦略ペーパー）の概観とレビュー――アプローチとしての暫定的考察」国際協力事業団国際協力総合研修所編『「PRSPと日本の貢献」勉強会　論点と議事録』pp.1-11

龍 慶昭・佐々木 亮（2000）『「政策評価」の理論と技法』多賀出版
笹岡雄一（2001）「ウガンダ、ヴェトナムの貧困削減に対する取り組み——世界銀行の貧困削減戦略ペーパー（PRSP）との関連において」『国際開発研究』10(1), pp.91-105
武田圭太（2004）「有能感が推進するキャリア発達」外島　裕・田中堅一郎編著『増補改訂版 産業・組織心理学エッセンシャルズ』ナカニシヤ出版

第4章
国連「貧困根絶のための十年」と脱貧困方策

佐藤元彦

はじめに

　国連システムを通じてグローバル化されたdevelopment（ディベロップメント）にかかわるアジェンダは、20世紀の後半は「開発」を中心にしていたが、21世紀には「貧困根絶」に向けられるようになっている。このことを象徴するのは、第4次まで続けられた国連の「開発の十年」が、事実上、「貧困根絶のための十年」（UNDEP）に取ってかわられた点であろう[1]。とはいえ、「開発」の時代にあっても、「貧困根絶」への問題関心が抱かれなかったわけではない。時期によって問題関心の濃淡はみられたものの[2]、「開発」は基本的には貧困を解消するために合理化されてきたのである。だが、「開発」が自動的に貧困を解消するものではないこと、また「開発」が貧困を深めたり、新たな貧困を生み出したりする側面があることが明らかになると、「貧困根絶」それ自体に関心が向けられるようになった。事実、1997年に始まった第1次UNDEPは、絶対的貧困人口比率が減少する傾向がみられないことをおもな理由として設定されたのである。また、ミレニアム開発目標（MDGs）においても、「貧困根絶」が基本線であり、「開発の十年」によくみられた生産額等のマクロ数値目標は設定されなかった[3]。

　そうなると、問題は、「貧困根絶」に直接的に眼が向けられるようになった現時点における「開発」の意味、位置づけであろう。言いかえると、「開発」のあり方を変えていく方向性と、「開発」とは異なる手段を制度化していく方向性とが考えられうるということである。前者については、グローバル化の進展によっ

て従来の国家単位での「開発」がすでに事実上変容している点を考慮に入れたうえで、なおかつ貧困根絶につながるような「開発」が考えられるのかどうかという点が焦点になろう。ちなみに、いわゆる「貧困者に好意的な成長（Pro-Poor Growth）」論はそのひとつの例と言えるが、しかし、国家という単位を所与としない枠組みが明確なかたちで提示されていないという意味では、物足りなさが残る。他方、後者に関しては、貧困の緩和・解消につながるような「開発」にかわる有効な手立てとは何かが具体的に明らかにされる必要がある。以下では、このうち後者を取り上げ、国連システムでの主要な議論を筆者自身のものを含めたいくつかの調査・研究結果にもとづいて再検討したい。

1. 国連「貧困根絶の十年」と貧困緩和・解消のための手段

　国連システムにおける「貧困根絶」のための「開発」にかわる手段をめぐっての議論は、一言で言えば、マイクロファイナンス（microfinance: MF）に偏向したものである。それは、第1次UNDEPの期間中に、それにかかわる国際年として「マイクロクレジット国際年」（2004年11月18日をもって開始）のみが設定されている点に端的に示されていると言えよう。別言すれば、国連システム内では、「開発」以外の手段について、それ以外の議論がほとんどなされていないと言っても過言ではない。それでは、「貧困根絶」とMFとの関係はどのように考えられているのであろうか。

　例えば、「マイクロクレジット国際年」に関するコンセプト・ペーパー[4]は、「MDGsを達成するために包含的な（inclusive）金融部門を打ち立てる」というサブタイトルを付し、これまでのMFの実績に関する情報をふまえたうえで、①MFは、貧困家計が基礎的ニーズを充足し、また、リスクに対して保護することを手助けするものであり、②低所得家計による金融サービスの利用は、家計の経済的厚生や企業の安定と成長という面での向上に寄与するものである、とし、さらに③女性の経済的参加を支援することによって女性のエンパワーメントをもた

らし、ジェンダーの点での公正さを促進して家計の福利を向上させる、としたうえで、④その影響のレベルは、顧客が金融サービスを利用した時間の長さに関係している、と貧困根絶においてMFに着目する背景をとりまとめている。そのうえで、同ペーパーは、「マイクロクレジット国際年」の目標を、MDGsへの貢献、一般大衆の（MFに対する）認識の向上、包含的金融システムの促進、持続可能な利用の支援、革新とパートナーシップの促進、の5つとしている。

　また、同国際年についての中心的メッセージとして当該ペーパーがまとめているのは次の6つである。すなわち、第一に、持続可能なマイクロクレジットとMF[5]は、経済的に恵まれない人びとへのより大きな到達を保証し、また、その持続的な影響は、貧困の削減と社会的人間的発展のプロセスを保証するものである、ということ。第二には、MFは、よく機能する金融部門の欠くべからざる一部である、ということ。そして、第三には、世界のほぼ半数が、それに値しないからという理由ではなく利用できないという理由で、基本的な金融サービスにアクセスできないでいる、ということ。第四に、MFは、個人や家計にプラスの影響をもたらし、地域社会の生産的能力への投資によって経済を強化するものである、ということ。第五に、MFは、経済の循環への貧困な人びとの包含をうながし、地域市場の成長と新たな仕事、投資、インフラを通じての経済的機会の拡大とを支持するものである、ということ。そして最後に、第六として、MFは、より拡大された経済への参加を通じて選択肢を増やし、自信を深めさせることを通じて、経済的に恵まれない人びとのエンパワーメントを支援する、ということである。

　一方、第1次UNDEPの実施と「マイクロクレジット国際年」の準備との関係をまとめた国連事務総長報告（文書番号A/59/326）[6]は、MFによる貧困根絶への貢献、MDGs達成を、さまざまなケース・スタディの結果をふまえたうえで次のようにまとめている。まず、所得、雇用、家計消費の改善と経済的社会的危機に対する脆弱性の削減とを通じて、貧困が削減されている、という。例えば、消費の改善という点については、ジンバブエのザンブコ・トラストの例をもち出して、高蛋白質の食物の消費が伸びていることが、また、雇用の改善という点では、

インドのSHAREの事例で、不規則・低賃金・日雇い労働から収入源の多様化、家族メンバー雇用の増大、スモールビジネスへの展開といった変化がみられたことにふれられている。また、南部アフリカでの6つのMF機関に関する調査結果を紹介して、貧困ではないMFの顧客の被雇用者として貧困者が雇用され、労働市場に変化が生じていることにも言及があり、MFが直接的ではないかたちで貧困者の脱貧困をはかりうるともしている。他方、経済的ショックや自然災害、家族構成員の突然の死などに対する脆弱性に対して、ローン、貯蓄、保険といった金融サービスが利用できるということが家計のリスク管理能力を高めうることも強調されている。これらのうえで、バングラデシュのBRAC（Bangladesh Rural Advancement Committee）とガーナのFreedom from Hungerのケースを取り上げて、MFのメンバーになっている場合となっていない場合とでは消費支出や資産の水準、また、副収入源の有無に差異がある（前者のほうが改善された状態にある）というかたちで、MFの貧困削減に対する効果が総括されている。

　他方、MFへのアクセスが貧困層の間での教育や健康関連の支出増を導き、いわゆる人的資本の増強をもたらしている事例への言及もなされている。子どもの教育に具体的に改善がみられること、また、健康面では、ウガンダのFOCCAS（Foundation for Credit and Community Assistance）のようにエイズ予防の促進につながっていることが注視されている。加えて、エンパワーメントという点での貢献にもふれられている。MFへのアクセスを通じて自信が生まれ、価値観や期待感が変わって社会における自分自身の役割についての見方が変化してきたことが、バングラデシュ、ボリビア、ガーナ、インドの事例の紹介を通じて、説得的に指摘されている。さらに、インドについては、MFをきっかけとする女性のグループがMFを超えて電力などの共同プロジェクトや紛争時の平和構築にまで展開した例にも言及されている。

　このように、MFがいわゆる所得貧困のみならず人間貧困の緩和・解消を通じて、MDGs達成のために貢献しうることが随所で強調されている。もっとも、他方で、MFが「万能薬」ではないことがふまえられている点も看過できない。例えば、効果的ではないMFのケースとして、持続性があり金額面でそれなりの水

準の定期収入源がない家計があげられ、そうした場合には、BHN（Basic Human Needs）を基礎とした社会保護プログラムのほうが有効であるとしている。逆に、MFが有効なのは、経済的機会がしっかりと認識され、MFの金融サービスが利用できればその機会を活用できるような人びと、安定した、あるいは成長する経済のもとで仕事をしていて、企業家精神あふれる手法で仕事を遂行でき、ローンの返済を約束した人びとである、という。また、エンパワーメントについても、自動的なプロセスではなく、極端な権限喪失がみられるような状況では逆の可能性があることも指摘されている。すなわち、例えば、女性が極度に卑しめられている社会的文化的背景のもとでは、女性が借り入れたローンを夫が奪取して浪費したり、それに関連した家庭内暴力が頻発したりしているというのである。

　こうしたMFのマイナス影響の可能性をふまえたうえで、当該報告は、最貧困層へのMFの到達、商業化と持続可能性が、今後の課題として残されている、とまとめている。貧困根絶のための有力な手段として国連システムによって提起されてきたMFではあるが、しかし、最貧困層についてはそれは必ずしも有効ではなく、むしろ社会保護プログラムが考えられるべきであるとの指摘は、貧困根絶に向けた今後の手段、方策を考えるうえで重要である。問題は、社会的保護プログラムとはどのような内容のもので、その実現のためにいかなる枠組みが必要なのか、という点が明らかではない点にある。従来一般的であった政府による公共政策の一環として考えられるべきものなのか、それとも異なった主体と手段によるものであるのかは、なお考え抜かれていない問題だと言える。

　さらに、MFが貧困からの脱却をうながす側面があるにせよ、脱貧困のプロセスにおけるMFの重要性については、必ずしも了解された見方があるわけではない。そのプロセスにおいて中心的なのかそれとも補助的なのかについては、貧困の動態分析を通じて初めて明らかになると言えるのであり、その意味では、国連システムにおける議論の仕方についてはなお不十分な面が少なくない。

　そこで、以上の2つの論点について、現時点での管見のかぎりでの文献と筆者自身の調査とをふまえたうえで、一定の所見をまとめておきたい。まず、次節では、脱貧困のプロセスにおけるMFの位置について考察を加え、続く第3節では、

最貧困層を対象とする脱貧困プログラムの制度設計に関して考察をすすめたい。そのうえで、第1次UNDEPをめぐるこれまでの議論を評価し、あわせて、その今後の方向性と留意点とについて最後にとりまとめを行いたい。

2. 脱貧困・貧困化のダイナミズムと
マイクロファイナンス

　貧困の状況の分析に比して、貧困のダイナミズムに関する分析は、データ不足も手伝ってほとんど手がつけられないできた。だが、近年になって、いくつかの注目すべき研究成果が、とくにMFのメッカとも称される南アジア地域において示されている。ここでは、それらの成果に依拠しながら、脱貧困のプロセスにおけるMFの位置づけについて考察を加えたい。

　まず取り上げたいのは、1987/88年から2000年にかけての期間におけるバングラデシュ農村部（21村の計379家計を対象）での貧困状況の変化とその要因を分析したセンによるものである[7]。**表1**は、基礎的ニーズのコストにもとづいて計算された「客観的」貧困線による分析で明らかになった貧困状況の変化に関して、センがとりまとめたものである。センは、これとは別に「主観的」貧困線にもとづいた分析も行っており、その結果との異同は大変興味がもたれるところではあるが、ここではあくまでも脱貧困の要因に関心があるので、この点についての考察は割愛する。さて、同表によれば、1987/88年から2000年にかけて貧困になった家計（「貧困化グループ」）が67あり、逆に貧困ではなくなった家計（「脱貧困グループ」）は98あることが知られる。また、状況に変化がなかった家計数（「貧困グループ」と「非貧困グループ」）は合わせて214であったことが示されている。このうち、貧困のままであった家計（「貧困グループ」）は119家計であるので、センが対象とした地域は、慢性的貧困が比較的支配的な地域であると考えられる。

　センは、これをもとに各グループに属する家計の性質を、土地保有面積、家族の規模、稼ぎ手の人数、ローンの有無などのさまざまな観点から分析しているが、

表1　貧困状況の変化に関する家計の分布

	2000年時点		
	貧困	非貧困	合計
1987／88年時点			
貧　困	119（31.4%）	98（25.8%）	217（57.2%）
非貧困	67（17.7%）	95（25.1%）	162（42.8%）
合　計	186（49.1%）	193（50.9%）	379（100%）

（出所）Sen, 2003: p.517.

　ここでの問題関心とのかかわりで興味深いのは、貧困状況の変化の要因に関して実施された聞き取り調査の結果である。貧困ではなくなった家計にその理由を聞いた複数回答可の調査から判明したのは、構造的要因が大半を占め、とくに「人的資産の増加」と「物的資産の増加」が際立っているという点である。これとは対照的に、同じく構造的要因であっても「金融資産の増加」「社会的資産の増加」をあげた回答者は少なかった（表2を参照）。ちなみに、貧困になった家計にその理由を聞いた同様の調査では、構造的要因よりもライフサイクルに関する要因、突発的な要因が顕著であった。具体的には、家計に占める所得稼得者数の減少、病気、自然災害などである。

　以上のような分析結果から本稿での問題関心に関連して興味がもたれるのは、貧困からの脱却において構造的要因が重要ではあっても、そのなかでの金融資産の位置づけが必ずしも高くはないという点である。ちなみに、当該ペーパーでの金融資産とは、具体的には倹約・貯蓄、年金、サービス料、銀行・NGO（非政府組織）等からのクレジットを指している。このことが、ただちに脱貧困にさいしてのMFの比重が高くはないとの結論を導くものではないとはいえ、脱貧困が金融とはそれほど関係のないところで生起していると考えざるをえないとは言えるだろう。ちなみに、「人的資産の増加」とは、家計筆頭者の勤勉さの強化、家計構成員の海外就労など、また「物的資産の増加」とは耕作面積の増大や耕作機械・新品種の導入、作業施設の拡充などを意味している。こうした諸要因のほう

表2　脱貧困・貧困化をもたらした要因に関する回答数の分布

	脱貧困グループ	貧困化グループ
構造的	98 (73.1%)	25 (26.6%)
自然資産	10	17
人的資産	35	–
金融資産	6	8
物的資産	37	–
社会的資産	6	–
市場条件	4	–
ライフサイクル	32 (23.9%)	33 (35.1%)
労働力率	16	–
家計構成	16	33
突発的	4 (3.0%)	36 (38.2%)
合　計	134 (100%)	94 (100%)

（注）構造的要因については、脱貧困グループの場合はさまざまな資産増、また好意的市場条件が脱貧困をもたらしたと回答した数を、逆に、貧困化グループについては、資産減が貧困化に関係したと回答した数を、それぞれ示している。ライフサイクル要因についても、同様に、脱貧困グループについては率や構成の好ましい変化と脱貧困との関係に関する回答数、貧困化グループについてはその反対の変化が貧困化をもたらしたとする回答数を示している。なお、突発的な要因として脱貧困グループがあげているのは「幸運」のみであるのに対して、貧困化グループの場合の突発要因は、「病気」（回答数：17）、「自然災害」（同14）、「個人的不幸」（同3）、「社会的儀式」（同2）といった具合に多岐にわたっている。
（出所）Sen, 2003: pp.525-526 にもとづいて新たに作成。

が脱貧困にさいしては重要性があることを示唆する調査結果となっている。

　なお、以上に関連して、金融資産、とくに制度ローンと非制度ローンの利用状況のグループ別の変化についてまとめられた内容も興味深い（表3）。まず、全般的な流れとしては、伝統的金貸しなどからの非制度ローンの利用を減らして金融機関の制度ローンを利用する動きが観察できる。これは、当該期間に、バングラデシュにおいてMF機関・プログラムの急速な増大がみられたことと関係していると考えられるが、制度ローンの利用という点では、確かに脱貧困グループも利用を伸ばしているものの、その伸びという点では非貧困グループが圧倒的であ

表3　グループごとのローン平均借入額
（家計平均、単位：ドル）

		1987/88年	2000年
貧困グループ	A	27	10
	B	13	31
貧困化グループ	A	31	4
	B	15	12
脱貧困グループ	A	28	17
	B	17	45
非貧困グループ	A	89	42
	B	13	108

（注）各グループのAは非制度ローンを、またBは制度ローンをそれぞれ示す。
（出所）Sen, 2003: p.519 にもとづいて作成。

る。もちろん、非貧困グループの制度ローンの利用拡大は、MFに限定されたものではないであろう。しかしながら、全般的な制度ローン利用へのシフトを利用可能なMFの拡大と結びつけて考えるかぎりにおいては、MFが非貧困グループによってより利用されているのではないか、ということになろう。一方、脱貧困グループの制度ローン利用は拡大しており、その意味では、脱貧困においてMFを含む制度ローンが果たした役割を評価できよう。とはいえ、金額の伸びという面では、実は、貧困グループとほとんど同じであった点は看過できない。結局のところ、脱貧困におけるMFの重要性は、実ははっきりしたかたちでは示されていないのではないか、ということになろう。ちなみに、貧困化グループについては、非制度ローンと制度ローンの双方において利用の減少がみられ、そのかぎりにおいては、そうした利用減少が貧困化と結びついたものであると考えることは可能であろう。とはいえ、MFの利用が脱貧困に結びついているという根拠は、いずれにせよ得られないと言わざるをえない。

次に、以上と同様の聞き取りをインド北部のラジャスタン州で実施したクリシナの成果を取り上げたい。対象となったのは35村落の計6374の家計であり、25年前と比較して貧困状況がどのように変化したのかが調査された。貧困状況の変

化については、地域によってかなりの差異がみられたが、貧困から脱却したと回答した家計（「脱貧困グループ」）は全体で707であった。また、貧困になったと回答した家計（「貧困化グループ」）と状況に変化がないと回答した家計（「貧困グループ」と「非貧困グループ」）は、それぞれ506と5161であった。先のバングラデシュの場合と比較して大きく異なるのは、状況変化がなかったと回答した家計の8割近く（全体に占める割合という点では63％の家計）が25年前も現在も貧困ではない（「非貧困グループ」）と回答している、すなわち貧困感は全体としてあまり広がっていない環境での調査であったと言える点である[8]。

　さて、状況の変化の理由に関して非常に興味深いのは、貧困化グループの家計があげたその理由は、病気、負債、儀式、事業失敗など実に多様であったのに対して、脱貧困グループの家計については、ほぼ共通して収入源の多様化をその理由としてあげたという点である。しかも、収入源の多様化に当たっては、都市でのそうした機会の獲得が決定的に重要であるとの回答が大勢を占めた点も注視される。別言すれば、脱貧困グループのなかで農村地域内で収入の多様化をはかった家計は、きわめて限定的であったということである。他方、収入源の多様化という点で重要であったと回答があったのは、個人的な能力と事業であり、さらにそれに対する親類の支援であった。この点に関連して興味をもたれるのは、政府の直接的な支援、政党やNGOなど外部機関が果たす役割はそれほど重要ではなかったと回答されている点である。貧困からの脱却に当たって政府の貧困対策プログラムが助けになったという回答は1割にも達しなかった。なお、収入源の多様化にさいしては、情報も重要な要素であったとの回答結果が得られている。

　それでは、親類の支援と情報を拠りどころにしつつ、個人の能力にもとづいた収入源多様化とは、具体的にどのようなものであろうか。クリシナが明らかにしているのは、定期的な収入が得られる安定した雇用機会ではなく、しばしば不規則、不安全でパートタイム就労も多いインフォーマル部門での就業機会である、という点である。脱貧困グループの家計のうちの499家計から得られた回答によれば、定期収入の得られる安定した雇用機会と回答したのは34と1割にも満たなかった。しかも、回答結果が明らかにしているのは、そうしたインフォーマルな

就業機会ですら、親類からの支援と情報、能力と意志がなければ到達可能ではないということであった。

　参考までに、貧困化の要因についてどのような回答がなされているのかもみておきたい。すでにふれたように、その要因は多様であるが、あえて主なものをあげれば医療支出負担、個人的借入にともなう高利子支払い負担、結婚・死亡などにともなう儀式支出負担、であるという。別言すれば、こうした負担を免れることができることが、脱貧困のための前提になると考えられよう。MFに関するこれまでのさまざまなケース・スタディでは、マイクロクレジットがこうした費用負担を軽減するために利用されてきた実態が少なからず報告されてきた。その意味では、MFが貧困化を回避・解消するために役立ちうることを否定することはできない。だが、脱貧困によって重要な要素は何かとの質問に対して、直接的なかたちでMFが出てきていない点は注視される。MFは重要であるのかもしれないが、親類からの支援、情報、能力と意志がなければ、結局はMFの利用も成功を導かない、ということであろう。収入源の多様化、情報の獲得という点でMFが介在した可能性は否定できないものの、MFそのものが脱貧困にさいして役立ったという認識はほとんどなかったということであろう。別の言い方をすれば、MFに加入したとしても、それが収入源の多様化や情報獲得に有意義でなければ、その効果は限られてしまうという具合にも、以上の調査結果を解することができる。

　最後に、筆者自身もかかわったインドネシアでの調査結果に言及しておきたい（JANIC, 2004）。周知のように、国連システムのMFに関するキャンペーンのなかでは、インドネシアのBRI-unitがMFの一成功例として注目を集めてきた。確かに、図1にも示されているとおり、貸付者数という点では飛びぬけた実績を示している。だが、BRI-unitのローンの規模は比較的大きく、かつ貯蓄を先行条件としており、グループ貸付という仕組みもとっていない。また、女性に焦点が当てられていないことも他のＭＦとは異なる特徴である。これらの結果、実際にローンにアクセスできるのは比較的裕福な人びとであることが明らかになっている。もっとも、こうした評価を受けてK2という少額（200万ルピアが上限）で無担保のローンがごく近年（2001年）になって導入されてはいるが、筆者の聞きと

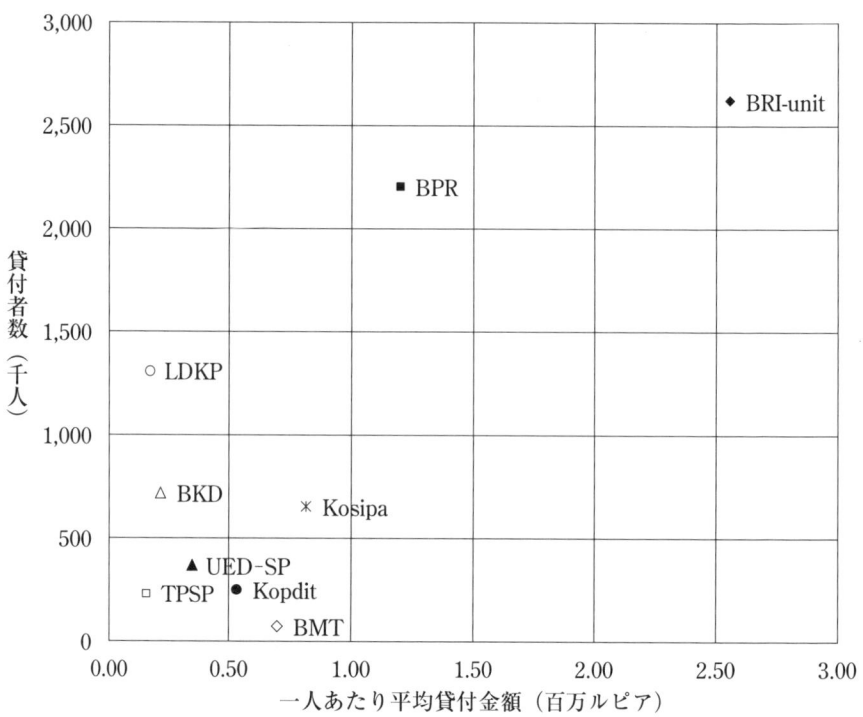

(注) BPR：人民信用銀行
　　　BKD：村落クレジット機関（銀行）
　　　LDKP：農村信用基金
　　　Kosipa：貯蓄貸付協同組合
　　　Kopdit：クレジットユニオン
　　　UED-SP：村落貯蓄貸付経済ユニット（ノンバンク）
　　　TPSP：貯蓄貸付サービスポスト（ノンバンク）
　　　BMT：イスラム貯蓄貸付機関（ノンバンク）
(出所) JANIC, 2004: p.2 にもとづいて作成。

図1　インドネシアにおける MF ローンの規模と到達度

表4　インドネシアにおける借入・貯蓄先（2003）

	東部全体	中部ジャワ
MF機関への貯蓄	20%	29%
うちBRI-unit	15%	25%
インフォーマルな貯蓄	55%	51%
MF機関からの借入	6%	41%
うちBRI-unit	4%	20%
インフォーマルな借入	47%	14%
BRI-unitの認知度	52%	78%

（注）この調査でのインドネシア東部とは、東ヌサトゥンガラ、南スラウェシ、西カリマンタンの各州を指す。調査対象は東部については計328の家計、中部ジャワについては51家計。
（出所）JANIC, 2004: pp.31-36 にもとづいて作成。

り調査の限りでは、実際の運用は、他機関で過去に滞りのない返済の実績があるかどうかがふまえられるなど、かなり限定的である。一言で言えば、BRI-unitのローンは富裕化には貢献してきたと言えるものの、脱貧困にとって決定的に重要であるとは考えられない実態が示されている。その意味では、国連システムの貧困緩和・解消論議においてなぜ大きく取り上げられてきたのかが理解しがたい。

　問題にしたいのはこの点にとどまらない。BRI-unitが提供するよりもはるかに小規模なローンの場合ですら、なお利用の頻度が高くないという点である。インドネシアのなかではどちらかと言えばMFが普及していない東部地域を対象とした調査であったとはいえ、人びとがMF機関・プログラムについてそれなりに知っているという状況のなかで、ローン借入先や貯蓄先が、MF機関でも、いわんや大手の金融機関でもなく、インフォーマルな性格のもの、すなわち知人からの借入、自宅での貯蓄が支配的であるという状況をいかにみるかということである（表4）。少なくとも言えることは、MFが日常生活のお金のやりくりのなかであまり重要な位置を占めていないということであろう。

　さて、以上の3つの研究調査の成果から、脱貧困のプロセスにおけるMFの役

割は決して過大評価されてはならない点が示唆されているととりまとめることができよう。これまでは利用が制限もしくは不可能であった金融サービスに「貸付に値しない人びと」がアクセスできるようになったことは、たしかに、脱貧困のための手段の幅が広がったという意味で積極的な評価ができる。しかしながら、手段の幅が広がったこととそうした手段を利用して実際に脱貧困をはかることとは、やはり問題が別である。MFが脱貧困に結びついていないケースの報告内容をも併せて考慮に入れた場合に、MFの利用主体の問題、MFの内容・条件、利用主体が置かれている環境の問題等のすべてが、MFによる脱貧困を可能にするかどうかにかかわってくると言える。その意味では、国連システムにおいても、こうした観点からMFの役割の吟味を重ねていく必要があるのであり、MFが脱貧困をもたらしているケースの集約をもって、MFが脱貧困に役立っていると論じるのはやはり無理があると言わざるをえない。

3．最貧困層を対象とする脱貧困プログラム

　MF機関・プログラムが現在のような広がりをみせる以前には、脱貧困にとってMFが有効であるとの議論が支配的であったが、MFがさまざまなかたちで実際にすすめられるようになり、また、それにともないその成果に関する情報が増えるにしたがって、MFが最貧困層の脱貧困には必ずしも適合的ではないことが指摘されるようになった。国連文書でもそうした点がふまえられている点については既述のとおりであるが、問題として残されているのは、MFが有効に働かないと考えられる最貧困層を対象とした脱貧困プログラムの内容と枠組みとはいかなるものか、という点であろう。ここでは、以下、この点の考察をすすめるが、それにさいしては、バングラデシュのBRACでの筆者自身によるヒアリング（2001年3月、同7月）において指摘された点を出発点として、できるだけ具体的に考えることに努めたい。なお、MFが有効に機能しないと考えられる人びととしては、精神的・身体的障害者、病人、高齢者などもあげられようが、ここでは、そうした特別に対応が必要と考えられる人びとについては、そもそも福祉、

介護などの別の措置が講じられる必要があるとの観点から考察の対象からははずし、それ以外の、すなわち、精神的、身体的、また年齢的に特別に配慮すべき点がないにもかかわらず非常に貧困であるような人びとを念頭に置くこととする。

さて、BRACのフィールド訪問時に指摘された点とは、MFプログラムは都市部でよりも農村部でのほうが組織しやすいということである。その理由としてあげられたのは、都市部貧困層の流動性（非定住性）が高いという点であり、MFプログラムの適用をはかろうとしても、辞退したり加入してもすぐに離脱したりするケースが少なくないというのである。MFは、担保を必要としないとしばしば指摘されてきたが、一種の「住民登録」（法的になされているかどうかということよりも、近隣・周辺から住民として認知されているかどうかということのほうが実質的には意味が大きい）がなされていなければ、MFにはそもそもアクセスできないということは改めてふまえられるべきであり、その点は、例えば私たちが消費者ローンからの借入、物品の質入等を行おうとするさいに身分証明証の提示を求められるのと同様であると考えられる。したがって、定住性が事実上の担保として機能している点は否めない。そうだとすると、そうした人びとを、将来的にMFを得て脱貧困をはかることができるようにするための手立て、換言すれば、事実上の「住民登録」が可能になるような措置が講じられていく必要があろう。なお、前節で取り上げた調査の結果明らかになった「貧困グループ」について、実は、定住性とのかかわりがふまえられた分析がなされていない。今後の貧困ダイナミズム研究においては、この問題を視野に収めることが求められよう。

それでは、そうした方向での手立てとして何が考えられるのか。定住を可能にするような生活基盤の強化のための仕組み、手立てを考えることが、基本となろう。そのためには、食糧、基礎医療、住居などのいわゆるBHNと呼ばれてきた財・サービスの保障ということが、まずはふまえられる必要がある。しかし、それだけではすまない。すでに述べたように、近隣・周辺の人びとによって事実上住民として認知されるような最低限のいわゆるソーシャル・キャピタルも不可欠であろう。スラムや"不法占拠"区域の人びとは、しばしば外部・外国からの流入者であり、そもそもソーシャル・キャピタルを欠いている存在であることに留

意する必要がある。

　さて、備えられるべき財・サービスは以上のようなものだとして、どのような枠組みのもとでこれらの供給体制を考えるべきかという点について、次に考えたい。この点の考察をすすめるうえで留意されるのは、前節で紹介したクリシナによる分析で示された政府の直接的支援、政党・NGOの関与が有効ではないという回答である。しかも、脱貧困要因として重視されたのは、自力や親類からの支援といった伝統的紐帯、また、情報といった財・サービス以外のものであった。とはいえ、最貧困層については、自力や親類からの支援、また情報へのアクセスはほとんど期待できないわけであるから、食糧、基礎医療、住居といった基礎的財・サービスの供給は、いずれにしても非貧困層の他者から行わざるをえない。また、その主体が政府、企業、NGO等のいずれであるべきかは簡単には、また一律的には議論できない。この問題についてむしろ重要なのは、財・サービスを受ける側のとくに内容（量ではなく）に関するニーズをできるだけふまえ、外部者の先行的判断をできるだけ避けるという姿勢であろう。

　それでは、ソーシャル・キャピタルについてはいかがであろうか。重要なのは、当事者の間での相互認知、相互信頼を高めていくということであるから、これを当事者以外が主導していくということはまずは考えがたい。当事者以外の者の役割は、基本的には介在、仲介をするということだが、その点で言えば、非定住性をできるだけ減らし、そして当該の者が地域、社会とのかかわりを当事者として増していくようなサポートが必要だということになろう。そして、このように考えると、介在、仲介する者は当該地域、社会をよく知っていて、同時に直接的な利害関係をもたない存在であることが求められる、ということになる。その意味で適格なのは、おそらく多くの場合が、政府や企業ではなくNGOということになろう。

　多言するまでもなく、基礎的な財・サービスの供給とソーシャル・キャピタル面での対応とは、連携した枠組みのなかで実施される必要がある。双方の対応が同一の主体によってなされる場合でも、プログラムとしては統合、連携が肝要である。別々の主体が担う場合には、この点での格別の配慮が必要であり、場合に

(出所) Matin & Hulme, 2003: p.654.
図2　IGVGD モデルの概念図

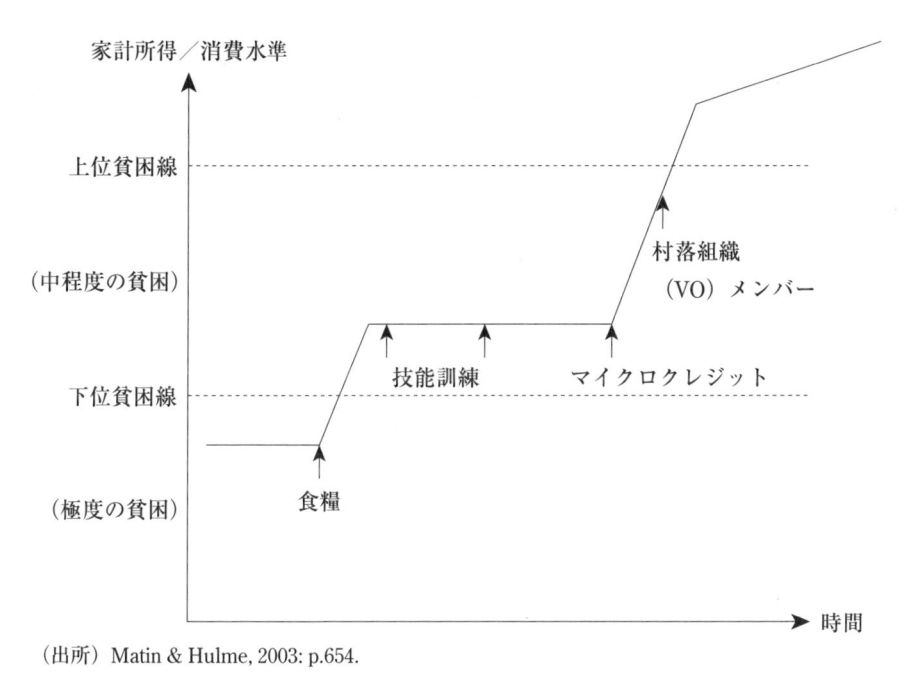

よっては、全体の連携、統合をはかる上位の主体を設定することを含めて対応を考える必要があろう。

　さて、以上のように最貧困層への対応の方向性をとりまとめたうえで、これに最も近いと思われる取り組みを次に取り上げ、その検討を通じて方向性の内容をさらに詰めていきたい。その取り組みとは、BRACによるIGVGD（脆弱なグループの発展のための所得創出［Income Generation for Vulnerable Group Development］）プログラムである。このプログラムの前身は、国連食糧計画（WFP）がバングラデシュでの1974年の飢饉にさいして始めたVGF（脆弱なグループに対する食糧援助［Vulnerable Group Feeding］）プログラムである。だが、1985年にBRACの側がWFPにアプローチしたさいに抱いていた問題関心は食糧援助それ自体ではなく、マイクロクレジットが届いていない貧困層に対してそれが届くようにするための支援をどのようにすべきかという点であった。そこから、

第1段階	政府によるタナ別の食糧配給受け取り者数の決定と三者委員会による下位区域ごとの受け取り者数の確定
第2段階	VGDカードの配布と食糧の配給
第3段階	VGDカード保持者からのIGVGDプログラム参加者の選定
第4段階	IGVGDプログラム開始(月30kgの穀物(小麦)の配給と技能訓練)
第5段階	技能訓練の終了と最初のローンの供与
第6段階	最初のローンの返済完了と2回目ローンの供与
第7段階	貯蓄の引き出し可能
第8段階	穀物配給の終了
第9段階	IGVGDプログラムからの卒業とBRAC・RDPへの加入

(出所) Hashemi, 2001にもとづいて作成。

図3　IGVGDプログラムの流れ

極貧層の生活を食糧補給によってまずは最低限維持できるものにしたうえで、次の段階では技能訓練を行い、そして身につけた技能や知識を基にMFサービスにアクセスして脱貧困をはかるという2ステップのスキームが構想されたのである(図2)。そして、2年間に及ぶパイロットプロジェクトをへて、1987年にはバングラデシュ政府とWFPの間で協定が結ばれ、WFP、BRACそしてバングラデシュ政府の三者による対最貧困層プログラムとして、IGVGDプログラムが正式にスタートすることになる。

　IGVGDプログラムの大まかな流れは、図3のとおりである。まず、第1段階では、無料の食糧配給を受ける女性の数がタナ(県レベルの行政単位)ごとに政府によって決められる。そのさいに基準となるのは、死別・離別の女性家計筆頭者であること、土地保有面積が0.5エーカー以下であること、月収が300タカ以下であること、の3つである。人数の配分は、食物不足地域の区域別目標値にもとづいて実施される。配給は、政府役人、選出された住民代表、そしてボランティア組織によって構成されるタナ・レベルでの委員会が当たり、タナ単位での対象者数をさらに8から10の区域に割りふるという作業がすすめられる。続く第2段階では、前記委員会の承認を得て、地方政府の選ばれた代表によってVGD (Vulnerable Group Development) カードと呼ばれるカードを受け取るべき女性

の名簿が提出され、それにもとづいて配給が実施される。ここまでの期間は6カ月であるが、続く第3段階になると、BRACのフィールド係員が、VGDカード保持者のなかからIGVGDプログラムへの参加者を選定する。BRACによれば、おおよそカード保持者の9割が選ばれているという。その次の第4段階では、18カ月に及ぶIGVGDプログラムがスタートし、毎月30kgの穀物（主として小麦）が渡されるとともに、家畜の飼育や野菜栽培を中心とした技能訓練が始まる。第5段階は、半年に及ぶ訓練が終了し、最初のローン（2500タカ）が供与される段階である。参加者は、毎週のミーティングに出席するとともに、月額25タカの貯蓄を行う。ローンの返済もまたこの段階でただちに開始される。これに続くのが、最初のローンが完済され、2度目のローン（4000タカ）が供与される第6段階である。2度目のローンは、言うまでもなく、スケジュール通りに1度目のローンを返済したメンバーに限定される。16カ月目となる第7段階では、希望があれば貯蓄の引き出しが許可される。そして、第8段階では、18カ月に及ぶプログラムが終了し、穀物支給は停止される。この段階で、借入ローンの返済が残っている場合には、引き続き返済が義務づけられる。そして、最後の第9段階においては、IGVGDプログラムの「卒業生」として、BRACのVO（村落組織）メンバーに迎えられるとともに、RDP（Rural Development Program）のローンを得る資格が与えられる。BRACの報告によれば、2000年までに120万の極貧世帯がプログラムを終了したという。

　とはいえ、問題とすべきは、IGVGDプログラムが実際に到達している人びととはどのような存在であるのかという点であろう。この点に関して長期にわたるフォーカス集団討論を実施したマティンらは、かなり衝撃的な調査結果を披露している。食糧配給を受けるさいに基準とされている内容については既述のとおりであるが、マティンらによれば、VGDカードを与えられる資格をもつ人びとについて、人びと自身が認識しているのは、小さな子どものいる死別または離婚の女性、（とくに家計筆頭者の）重病や事故、死去などの不運に直面した家族、食糧が不足していてしばしば物乞いが強いられているような慢性的貧困者という3つのタイプであるという。そして、実際にカードが与えられるかどうかを大きく

左右すると認識されているのは、そうした人びとに対する周囲の「共感」や「同情」であるという。加えて、パトロン＝クライアント関係的な「社会的ネットワーク」や「BRAC自体の組織上の必要性」、さらには「個人的働きかけ」も、カードの付与にあたって重要な要因として認識されていることが明らかにされている。2度目のカードを得るために、他人を中傷することも辞さないケースすらみかけるという。そうだとすれば、カードを付与する前段階で行われる政府のスタッフを交えた対象者の選定はかなり恣意的になされている可能性を否定できない。実際、カード付与にまつわる汚職、ネポティズムを指摘する声は少なくないという（Matin & Hulme, 2003: pp.657-659）。

　翻って、先にあげられた3つのタイプのうち、最初の2つ、すなわち死別・離婚の女性と突然の不運に直面した家族については、もともとは貧困ではないケースも含まれてくることを否定できない。元来貧困であった人びとが、死別、離婚、不幸などによって追い打ちをかけられるケースと、もともとは貧困ではなく、突発的な出来事によって一時的な救済策が必要なケースとを同様に扱うのは、簡単には同意できないものがある。後者のような場合には、保険制度によって対応できる面もあるのではないかと考えられるからである。さらに、IGVGDプログラムが対象としているのは基本的には農村である。先にふれたように、都市でのほうがプログラムを組織化するのが難しいという状況がある以上、その対象を都市部にまで広げていくことが必要だが、非定住性によって特徴づけられる人びとにまで及びうるスキームなのかどうかという点では不確かさを否定できない。

　他方、IGVGDの場合は、初期段階の援助は食糧に限定されている。生活をしっかりさせるという点での食糧の重要性は否定すべくもないが、問題はそれだけでよいのかどうか、という点である。確かに、BRACは、外部評価の高い充実した教育や健康に関するプログラムをすすめてきた。IGVGDプログラムのメンバーが、そうした教育・健康プログラムの恩恵を受ける機会をもっていることは否定できない。しかし、BRACが描いている脱貧困に向けた2ステップのプロセスを通り抜けるためには、食糧に加えて健康という要素が必要不可欠である。健康を害してプログラムを続けることができなくなる可能性をふまえる必要があり、

その意味で医療面での援助を組みこむことが検討されるべきであろう。また、生活基盤を安定させていくようなソーシャル・キャピタルの強化は、プログラムのなかには取りこまれていないと言える。これは、プログラムの主対象を農村としていることに関係していると思われるが、非定住性によって特徴づけられるとくに都市部の最貧困層にも対象を広げていくことを考えるとすれば、この点での対応も盛りこまれていく必要がある。

　その他には、脱貧困のプロセスが決して平坦ではないことを考えると、スケジュールの点でも内容の点でも一律的すぎるのではないか、という印象もある。標準化されたプログラムでありながらも、同時に個別の事情にも配慮できるスキームがなければドロップアウトを生み出すことになりかねない。技能訓練については、習熟度に応じて期間を短縮・延長するとか、また、貯蓄金額やローンの規模についても必要度や生活状況に応じて多少幅をもった対応を考えるということがあってもよいであろう。スキルを身につけさせ、金融サービスの利用に慣れさせるということが本旨であるとすれば、むしろドロップアウトを出さないプログラムの運用を基本とすることが求められていると言ってよいのではないだろうか。

　以上、IGVGDプログラムの概要の紹介とそれに対するいくつかの問題提起とを行ったが、IGVGDプログラムが、最貧困層を対象とする脱貧困プログラムに関しての今後の議論にとって重要な事例を提供していることは言を俟たない。実際、世界銀行をはじめとする国連システム諸機関においても、最貧困層に到達するためのスキームとしてIGVGDへの関心が高まっている。だが、マイクロクレジットに対しての国連システムの姿勢がそうでありがちであったように、IGVGDのプラスの効果を強調してそれを最良実例（Best Practice）に仕立て上げ、標準化されたものを他地域に移植するといった試みが拙速にすすめられることは避けられなければならないであろう。むしろ、以上に述べてきたような問題や課題をそれぞれの地域の実情に応じて克服していく過程こそが大切である。

　さて、本節では最後に、脱貧困において果たすソーシャル・キャピタル、とりわけ人的ネットワークについて考察を加えておきたい。より具体的には、コミュニティなどを中心とした伝統的紐帯が脱貧困にとって有効かどうか、また、そう

した人的ネットワークと政府による援助などの介入との関係がどのようなものであるのか、といった点を考えておきたい。最貧困層を対象としたプログラムを構成すべき要素についてはすでに述べ、そのさいに、相互の連携、統合が重要であることについても言及したとおりであるが、連携、統合にさいしてどのような点に配慮すべきかを考えたいというのが、その趣旨である。

　その点で、まず着目したいのは、伝統的コミュニティにしばしばみられる閉鎖性である。この点については、これまでも多くの研究者が指摘してきたところであるが、コミュニティをベースにした健康保険制度の可能性をセネガルについて検討した最近の調査研究でも、そうした制度がコミュニティ構成員へのヘルスケアの到達度を高める一方で、最貧困層が排除される傾向があることが指摘されている（Jutting, 2004）。MFに関してもグループ形成にさいして最貧困層が排除されている実態が少なからず報告されてきたが、コミュニティを基礎とした保険制度の場合も、同様の傾向がみられるということであろう。定住性の低い貧困者であれば、なおさら排除の対象になる可能性が高いと言えるのであり、いずれにせよ、伝統にもとづいたり、貧困層にいっさい任せたりするかたちで形成されるグループを基礎として対最貧困層プログラムを考えることには注意が必要である。

　他方、コミュニティを含め社会に内在化された相互扶助的でインフォーマルな制度が脱貧困に果たす役割についても限定的と言ってよい。危機が個別的な性格のものであればそうした制度で対応できる場合が少なくないが、社会、地域の全体に及ぶような大規模なものである場合には、そうはいかない。この点を象徴的に示したのは1997/98年のアジア危機であり、だからこそ、その後、危機に見舞われた諸国を中心に東アジアにおける国家レベルでの社会保障制度の整備が叫ばれるようになったのである。すでにふれたコミュニティからの排除や非定住性を考慮に入れた場合に、公式な制度の必要性はいっそう高まるということになろうが、しかし、そのことがただちにインフォーマルな制度の不必要性につながるものではないことは確認しておきたい。むしろ、フォーマルな制度とインフォーマルな制度とが並存しながら、人びとにとって脱貧困、あるいは貧困化回避ための選択肢が増えるようなかたちが望ましいと考えられる。地域やコミュニティでで

きることはそのまま残し、対応できないことを中心に政府介入を考えるという体制が望ましいのであって、政府介入によってインフォーマルな制度が衰退していくような方向性は追求すべきではないであろう。その意味では、例えば、最貧困の人びとがコミュニティから排除されているからといって、政府がそうした最貧困層もコミュニティも含めてすべてを対象に標準化された財・サービスを供与するという体制を考えることは好ましいとは言えないであろう。むしろ、コミュニティを開かれたものにし、同時に、排除されている最貧困層にかかわりを積極的にもっていかせるような外部者としての対応が期待されると言える。

おわりに

　国連システムを通じてグローバル化されてきたdevelopment(ディベロップメント)のアジェンダは、これまでも相当な政治的影響力をもって世界のいたるところに大きなインパクトを与えてきた。それは、development(ディベロップメント)に関する学術的研究が、国連システムによって「普及」させられた概念、ジャーゴンにいかに翻弄されてきたのかを回顧すれば、自ずと明らかである。学術的には古くから議論され、あるいは問題提起されてきた事項が、国連システムを通じて「普及」させられた概念、ジャーゴンによって新たな装いをもって学界において取り上げられようになったケースはこれまでも多々あった。最近のことで言えば、人間開発、人間安全保障などがそのよい例であろう。もっとも、問題にしたいのは、新しい概念、用語が行政サイドから学界に注入されるということそれ自体ではない。注入にともなって概念や用語に関する行政サイドの評価自体もまた、無批判に取り入れられる傾向が少なからず見受けられるという点を問題にしたいのである。本章が扱った事柄で言えば、国連システムにおいてMFが積極的に評価されていることと、MFの有効性を学術的観点から吟味することとは別であるべきであり、むしろ後者の成果が実際に反映されていくことが望ましいと考えられるにもかかわらず、現実には、行政サイドでの評価自体が独り歩きして実際が動きがちであるとの実態がある。貧困緩和・解消をめぐる国際政治経済学において注意が必要なのは、まさしくこの点で

あり、国連システムを介して広がりをみせる新しい概念、ジャーゴンとその意味づけに対して、市民や在野の観点から問題提起できる回路が整えられているのかどうか、整えられているとすればそれはどのようなものなのか、について常に問い直しつづけることが必要である。少なくともdevelopment（ディベロップメント）のアジェンダが、国連システム官僚主義とでも呼ぶべき力学に席捲されることは避ける必要がある。

さて、以上のような問題提起と関連づけながら本章の内容を総括すれば、次のようになろう。まず、第一は、大きな焦点が当てられているMFについて、脱貧困との関係を改めてしっかりと分析をする必要があるという点である。MFのみに焦点を当てたインパクト評価の情報だけでは、脱貧困というプロセス全体のなかでのMFの役割、またその大きさについては明らかにならないであろう。そうした作業の積み重ねを通じて、脱貧困のための包括的フレームワークとでも呼びうる枠組みを設定し、そのなかにMFを位置づけていく作業が肝要である。

持続可能な生計のあり方という観点から脱貧困、貧困化回避を考察する近年の研究（SLA ［Sustainable Livelihoods Approach］と総称）では、人びとの生活の現場から貧困問題にアプローチしようとすると、貧困の実態が多様であり、したがってその対策は多様とならざるをえないことが指摘されている。脱貧困を考えるにおいておそらく最も重要なのは、どのような貧困に対していかなる対策、措置の選択肢が開かれているのか、ということが整理されたかたちで示されているということであろう。その意味でも、この作業は必要不可欠である。

第二は、MFの評価は別としても、現実に最貧困層への対応を具体的にどうすべきかという課題が残されているという点である。この点に関して言えば、管見のかぎりでの第1次UNDEPにかかわる公式文書の範囲では、具体的な議論がほとんどなされてきていないというのが率直な印象である。MFにかかわるキャンペーンの展開よりも、こちらのほうにエネルギーを費やすことのほうが、貧困削減という意味でははるかに重要であると言えよう。いささか残念なのは、国連システムのdevelopment（ディベロップメント）アジェンダの中核にMFが据えられていることを背景にして、世界の各地でMFへの取り組みが高まっている半面で、最貧困層に十分な注意が向けられてはいない感があるということである。

【註】
(1) ここで「事実上」と記したのは、第4次「開発の十年」が終了する2000年の時点で「新世紀の最初の十年のための国際開発戦略」が検討されていたことを受けている（国連総会文書A/55/89を参照）。この検討作業が実質化しないままに、「貧困根絶の十年」が進行している。
(2) この経過については、佐藤元彦（2002）の第1章を参照。
(3) すでに第4次「開発の十年」にさいして、生産額等のマクロ数値目標が設定されなくなっているが、その時点ではまだそうした見方自体を考え直すというところまではすすめられていなかった。
(4) *International Year of Microcredit 2005: Concept Paper.*
(5) 以下でふれるこれ以外の国連文書を含め、「マイクロクレジットとMF」という表記が多用されているが、それは、当初はマイクロクレジットが多用され、その後貯蓄等を含むかたちでMFと言われるようになった経緯を反映していると理解できる。国連システムのなかでは、MFにはマイクロクレジットを含むとの認識が一般化しているので、本稿でも、原文では「マイクロクレジットとMF」という表記が用いられている場合でも、MFと一括して表記することとする。
(6) *Implementation of the first United Nations Decade for the Eradication of Poverty (1997-2006) and preparations for the International Year of Microcredit, 2005: Report of the Secretary-General.*
(7) 以下の記述は、センの提供しているデータ、情報にもとづいてはいるが、セン自身の分析に依拠しているものでは必ずしもない。センは記述していないが、筆者自身が同じデータ、情報から読み取った内容も少なからず含まれており、また、センとは反対の内容のものも含まれている。
(8) クリシナの研究成果についての本稿での扱いも、センの場合と同様である。示されたデータ、情報は利用しているが、それにもとづいたここでの所見は必ずしもクリシナとは同様でない。

【参考文献】

Baulch, Bob & Neil McCulloch (2002) "Being Poor and Becoming Poor: Poverty Status and Poverty Transitions in Rural Pakistan", *Journal of Asian and African Studies*, Vol.37, No.2, pp.168-185.

BRAC (2003) Annual Report 2002.

Hashemi, S (2001) "Including the Poorest: Linking Microfinance and Safety Net Programs", *CGAP Occasional Papers*, No.20.

Heemskerk, Marieke *et al.* (2004) "Does Public Welfare Crowd Out Informal Safety Nets? Ethnographic Evidence from Rural Latin America", *World Development*, Vol.32, No.6, pp941-955.

Hulme, David & Bill Cooke (2002) "Introduction: Different Poverties, Different Policies", *Journal of International Development*, Vol.14, No.6, pp.677-680.

JANIC (2004) *JBIC Pilot Study on Sustainable Microfinance for Poverty Alleviation in Eastern Region of Indonesia*.

Jutting, Johannes P. (2004) "Do Community-based Health Insurance Schemes Improve Poor People's Access to Health Care? Evidence from Rural Senegal", *World Development*, Vol.32, No.2, pp.273-288.

Krishna, Anirudh (2004) "Escaping Poverty and Becoming Poor: Who Gains, Who Loses, and Why?", *World Development*, Vol.32, No.1, pp.121-136.

Lakshman, Narayan (2003) "The Political Economy of Good Governance for Poverty Alleviation Policies", *ADB/ERD Working Paper Series*, No.39.

Matin, Imran & David Hulme (2003) "Programs for the Poorest: Learning from IGVGD Program in Bangladesh", *World Development*, Vol.31, No.3, pp.647-665.

Sen, Binayak (2003) "Drivers of Escape and Descent: Changing Household Fortunes in Rural Bangladesh", *World Development*, Vol.31, No.3, pp.513-534.

Toner, Anna (2003) "Exploring Sustainable Livelihoods Approaches in Relation to Two Interventions in Tanzania", *Journal of International Development*, Vol.15, No.6, pp.771-781.

絵所秀紀・穂坂光彦・野上裕生編（2004）『貧困と開発（シリーズ国際開発1）』日本評論社

黒崎卓・山形辰史（2003）『開発経済学』日本評論社

佐藤元彦（2002）『脱貧困のための国際開発論』築地書館

佐藤元彦（2005）「貧困削減とマイクロファイナンス」高梨和紘編『開発経済論』慶應義塾大学出版会、第2章

第5章
貧困削減とマイクロクレジット

中村まり

はじめに

　貧困層を対象にした金融サービスの供与は、マイクロクレジット（microcredit: MC）あるいはマイクロファイナンス（microfinance: MF）といった総称で呼ばれ、近年、貧困緩和施策の中心で語られている。貧困緩和に積極的な効果があると政策担当者やプログラムの実践者は、MCをより多くの貧困層に提供できるように、プログラム拡大に成功した金融機関（MicroFinance Institution: MFI）をモデルとして、低開発途上国へ同様のプログラムを伝播しようとしている。しかし、成功例とされるいくつかのプログラムにおいても、貧困層からの脱出メカニズムについて、内生的要因、外生的要因を厳密に検証されている研究はいまだ少なく、同じデータからの分析結果にも意見の違いがある。

　こうした議論のゆれはどこから来るのか？　これまでのMC、MFの関連研究にはどういったものがあるのかを把握する必要がある。まず、MCの議論を整理するには、以下のような過去の開発パラダイムの変遷に学ぶ必要があろう。その姿勢は、「参加型開発」が開発の新しいパラダイムとして登場したときの「成長の成果が貧困層にまで浸透するのを妨げたのとまったく同じ制度的隘路があるにもかかわらず、政策が貧困層に対するベーシック・ニーズをもたらすものでありさえすれば、そうした隘路がなくなるとするまったく単純素朴な信仰に対して、『参加型開発』の議論もより詳細に吟味されなければならない。問われるべき問題は、『どのような参加か』である」というスリニバサンの意見に代表される

(絵所, 1997: p.110)。

　同様に、MCの議論でも、信用市場へのアクセスが改善されればよいという問題ではない。それが貧困層をどのように市場へ参加させるのかを吟味しなくてはならない。MCのメカニズムが、貧困層の市場へのアクセスを改善して、市場参加を促進するものであれば、そのプロセスそのものが、経済成長の恩恵を、再分配政策を通じてではなく、市場を通じて受けられることを促進するものでなくてはならない。

　そして、いったん市場に参加したなら、勝者敗者が出てくる。敗者にどのような手当て（セーフティネット）をするかは、また別問題として考えなければならない。したがって本質的に、MCは社会政策ではなく、経済政策として考えられるべきなのであろうか。MCと所得移転（再分配）の違いは、貧困層を経済合理的主体とみなして、権利と責任を与えることである。再分配に返済の責任はない。しかし、結果には能力の違いが反映する。結果は平等ではない。MFの貧困緩和メカニズムを補完する意味での社会保障という点についても準備する必要があるのであろうか。

　「政府の介入には、市場排除的介入と、市場補完的介入がある」(Dreze & Sen, 1995: pp.16-26) と言われている。スタートアップにさいして公的援助を利用するMFは、市場排除的介入なのか、市場補完的介入なのか。市場補完的介入であるならば、本質的に貧困層は、金融支援を与えられたなら、市場経済のなかで自立していける存在なのであろうか。

　本稿では、文献サーベイをもとに、MFの貧困緩和効果についての議論と、MFを通じた貧困層の市場への参加という議論について考察する。

1. 貧困層を取り巻く信用市場

　貧困層が居住している場が、農村であれ都市部であれ、交換行動をするかぎり、その生活はさまざまな市場に取り囲まれていることになる。ある人が政府から給付される現物の食料・住居・衣類のみで暮らしているのであれば、その人は市場

に参加していないと言える。しかし、もしその人が賃金労働をしようとしたら、あるいは、給付されたものを販売して（あるいは交換して）別の財を入手しようとしたら、市場へ参加しなくてはならない。その市場で交換されるものは、労働力であったり、生産物であったり、土地である場合もある。

MFが直接介入するのは農村金融市場であるが、その影響は労働市場、生産物市場に及び、利子率と資金需要、実質賃金と労働需要、生産物価格と生産物需要といった各変数の変化を通じて、貧困層の所得水準、資産蓄積に影響を及ぼす。また、貧困層を取り巻く農村金融市場を議論するさいには、不完全な形態の伝統的非制度的金融市場、農村生産物市場を理解し、貧困対策としてそれらの市場への介入を繰り返してきた政策の歴史を振り返ることが不可欠である。それぞれへの政策的介入の歴史を振り返り、MFにいたる議論の流れを整理する。

(1) 農村金融をめぐる議論

零細農家を対象とした金貸しは、古来から東西文化で南北境界を置かず、行われてきた。一般的に親戚同士、友人、村の顔見知り間で行われている一時的な金の融通は、お互いのことをよく知っている間柄なので、金融にともなうモニタリングコストは低くてすみ、制度化されるのになじまないできた。

その特徴は、究極的に借り手と貸し手が直結しており、パーソナルな関係にもとづく金融であるので無担保である。貸し手側は、金貸しであると同時に、地主や商人でもある存在で、相互に金融以外でもつながりがある。貸し手が異質であるために、競争はほとんどなく、貸し手独占が起こり、無数に分裂した異質な市場であると観察されている（絵所、1987: p.17）。ここでは貸し手は、組織的な金融市場への排他的接近と担保物件の過小評価にもとづく独占力という二重の利益を享受していたと解釈されている（絵所、1987: p.37）。債務不履行に陥った借り手から担保価値を搾取して自己資産蓄積を押しすすめていたというのが、バードゥリの高利貸的搾取モデルである。

このモデルでは、零細農民は担保資産の不足による近代的「資本市場」へのアクセスがなく、自己の生産物の売り手としての「商品市場」へも接近不可能とい

う、二重の意味での参入障壁がある。一方では高利貸し兼地主が二重の利益から追加所得を得て、社会を硬直させているとの主張がある[1]。

こうした独占仮説からすすんで、農村部の金融市場が労働市場や生産物市場と分離して存在するのではなく、インターリンケージ取引の存在に注目して説明が試みられた[2]。つまり農村では独立した金貸しより、地主や中間商人が兼業している場合が多く、その場合、例えば、地主は貸付金利を低くするかわりに借入人を低い賃金で雇用したり、商人は中間生産物を安く仕入れたりという複雑にからみあった条件が設定され、在来金融をいっそう強固なものにしている。それゆえに、単純に金利を安くした近代的制度金融が参入しても、容易に在来金融に取ってかわるようなことにはならないのである。

非制度的金融市場を理論的に説明しようという研究も多くなされている。例えば、Hoff & Stigliz（1993）は、情報の非対称性、市場の不完全性にもとづく説明を、Montielほか（1993）では、金融抑圧の議論を拡張させて、パラレルな金融市場を想定した二重市場モデルを使って非制度市場を説いている。

(2) 農村への金融支援政策をめぐる議論

農村開発の方向性や程度を左右する政府の介入策のなかでも、その影響が大きいのが、公的金融制度の導入であろう。政府は、制度金融を通じて、農村地帯へ信用供与し、その他の金融サービスを提供するだけでなく、そのネットワークを利用して輸入投入財の頒布や技術普及のラインとしてきた。コメ増産を国家的課題としていたタイやインドネシアでは、零細農民に対する無担保貸付が1960年代から導入されていた（Chowdhury & Garcia, 1993: p.2）。

1970年代に入ると、世界銀行などの国際援助機関の後押しを受けて、政府が既存の銀行を利用するかたちで、ターゲット型農村信用貸付が始められた。インドのIRDP（Integrated Rural Development Programme）を代表とするこうした公的介入は、市場金利よりかなり低い貸付や助成金のかたちで、返済率はきわめて低く、たえず政府や援助機関からの資金注入を要するという結果を招いた。利益追求主体である銀行が、政府や開発援助機関からターゲット達成を課せられる一

方で、結局は銀行側がリスクを嫌い、村の有力者や担保のある裕福な層といったターゲット外の受益者を生じる結果を生んだとも言える。貧困層の在来金融への依存を解消する手段とはなりえず、在来金融の金利を引き下げる効果もなかった[3]。

バングラデシュでも制度金融は、灌漑施設の売却、役牛への投資、化学肥料・農薬の増投などに貢献した（藤田, 1993: p.75）。しかし、こうした金融の恩恵を受けたのは富裕層に限られていたし資金回収率が異常に低く、1980年代半ばには新規貸付が抑圧される事態にいたった。

つまり、農業開発政策の拡張から発生した農村金融普及政策では、制度面の不備・不徹底もあり、その恩恵に貧困層があずかる前に、フォーマルな金融制度が回らなくなってしまい、かえって農村内での富裕層の貧困層に対する支配的地位を維持することになってしまったのである（Krahnen & Schmidt, 1994: p.38）。

(3) 経済学的理論化の試み

農村金融市場を理論化する研究では、Dale Adamsを中心としたオハイオスクールが支配的で、後の世界銀行のオペレーションにも大きな影響を与えた。公的介入に対しては、新古典派経済学の立場から厳しい批判を提起し、低金利ターゲットローンの廃止と農村金融市場の自由化政策を唱えた。

その根本的考え方は、次のようなものである（Hulme & Mosley, 1996: Vol.1, p.3）。①貸付はあくまでも経済発展のプロセスを促すものであって、主導的役割はない。金融サービスは実際のニーズに沿うように提供されるべきであり、信用供与は、小規模事業者や女性の副業的就業機会を増やすには有効だが、貧困層の経済状態を改善する有効な手段にはなり得ない。②マネーレンダーやROSCAs（Rotating Saving and Credit Associations）、商人や親戚からの貸付といった非制度的な金融制度はこうした実際のニーズに合っている。とくに、インフォーマルに代わるものとして設定された金融制度よりも、貸付コストは低いし、貸付態度も柔軟である。③金融的規律を維持するためにも、金融市場をよりよく知るためにも貯蓄動員が非常に重要である。④政府によって成立した金融機関には、権力

のある借り手や政府の役人による借りかえといった不正が起こりやすい。

　結果的に、代表的なオハイオスクールでは特定のセクターや社会経済グループをターゲットにしたローンには反対の立場をとっており、開発金融機関に対する補助金にも反対している。というのは、非制度的な金融資源のほうが、制度金融よりも安く効率的なサービスをしていることが論証されているからである。

　しかし、こうしたマーケット志向的な農村金融市場の分析、とくに非制度金融市場が完全競争的であるとする仮定には、多くの疑問も投げかけられた[4]。現実の農村において、むしろ信用市場は小さく分断されているという見方によるものである。

　Hoff & Stiglitzはこうした状態を借り手・貸し手間の情報の非対称性が存在する市場の不完全性で説明している。農村信用市場には、借り手の返済能力に関しての情報が銀行等の新規参入制度金融機関には得にくく、返済能力を識別しにくいスクリーニングの問題がある。また、借り手に返済をうながすインセンティブの問題もある。返済不履行の場合も制度上、返済を強制しにくいといった困難がある。

　市場が不完全で、取引者間での情報収集に必要な費用がかかるとすれば、政策手段を用いての公的介入は、潜在的に必要であると認められる。取引費用を削減させるための経済組織の積極的役割が重視されるのである（原、1993: p.23）。

　フォーマルな金融機関がこうした役割を担い、リスクや高くつく取引費用をカバーするだけの金利を設定することは、一方で、おのずと貧困層は貸付対象から排除されることを意味する。

(4) 開発のパラダイム変遷からみたマイクロクレジットの考え方

　開発、あるいは開発援助の究極的目的が世界の貧困の救済にあることへの合意にもかかわらず、そのために貧困層に対する施策には、その時代時代の援助機関やひいては経済学のパラダイムの変遷が大きく影響し、そのつど、新しい方法が導入されたり中止されたりと、振り回されてきた感が否めない。

　貧困問題の真の解決には雇用の拡大、ベーシック・ニーズの充足を開発の主要

課題にすべきだとする主張が、国際労働機関（ILO）を中心に起こったのは1960年代終わりであった（絵所、1997: p.98）。構造主義がマクロ的に貧困問題をとらえたのに対し、この一連の改良主義と呼ばれる考え方では、「貧しい人びと」というミクロの主体に着目し、教育、保健医療、安全な水といった直接的に生活環境を改善するプロジェクトが注視された。零細金融政策に対する理論づけが1970年代後半に始まったのもこのような背景にもとづくものであった。中小企業振興、インフォーマルセクターの議論のとともに、信用供与プログラムも多く実施された。

1970年代でもうひとつの理論的展開は「人的資本」説である。生産関数で新古典派が労働を量的側面だけでとらえたのに対し、労働の質的変化もひとつの生産要素とみるべきだという主張である。この人的資本の質的向上にも投資が必要であり、それは教育でありまた、衣食住の充足である。この時点では、人的資本への投資も、衣食住の充足も、再分配政策を通じた改善が考えられていた。

1980年代に入って流行した「参加型開発戦略」は、NGO（非政府組織）の開発実施主体としての信用を広める結果となった。プロジェクトの策定段階から、受益者である農民が直接参加することが、プロジェクトの持続と成功につながるという発想である。その本質上、「参加型開発」プロジェクトは、自然に地方色を帯び、規模が村落単位になっていった。また、その小規模性から、途上国の農村部奥深くまで入っていける現地NGO、あるいはNGOによって訓練されたワーカーの活用は不可欠となった。

しかし、同時期、緑の革命に付随して推進された政府主導型農村金融の破綻が露呈し問題となった。譲許的利子率をもっての農業投入物への優先的融資は、制度的不備やターゲットの甘さから、返済率の極端に低い、制度的に持続不可能なものであった。

1990年代に入ると、再び貧困問題解消が着目された。その背景には、構造調整プログラムによる貧困層へのマイナス影響に関する批判や、1980年代を通じての途上国での環境・所得分配の悪化・女性と子ども・人権・軍事をめぐる問題の未解決があった。ここではターゲットをしぼった移転支出やセーフティネット

の必要が説かれた。ターゲットに関する詳細な議論も同時期のプログラムから発展し、信用供与プログラムに関しても、いかに有効にターゲットをしぼって貧困層へリーチするかがプロジェクト成功の鍵を握るといった議論に発展していった。

　MCプログラムは2つの点でこうした開発戦略の流れに合致していた。ひとつはNGOなどの非政府機関を開発プロジェクトに多く活用していく傾向。そしてもうひとつは、ターゲッティングの精度を上げ、プロジェクト受益者を貧困層にしぼることである。

　援助国側の援助疲れの現象も、MCプログラムに期待を集める一因であった。MFIが金融的に自立できれば、もはや援助資金を注入することなく、フォーマルな金融機関からの商業的条件で調達される資金で貧困対策ができるようになると考えられたからである。実際に、規模拡大に成功したMFIは、回転資金を援助機関でなく商業銀行から調達できるようになった[(5)]。こうして、政府系金融機関による農村への融資の苦い経験にもかかわらず、貧困削減を前面に打ち出したマイクロクレジット方式が、一方で金融機関としての制度的自立も期待されながら、その効果が注目されるようになった。

　MCと参加型開発プロジェクトの違いは、より個人の自発的な能力を引き出そうとすることにあると言えよう。MCでは、ほとんどの場合資金の使い道は、借り手個人の発案で決定される。担保がわりのグループ連帯責任制をとっているため、資金使途と返済計画の承認にはグループの他のメンバーによる同意が必要となるが、基本的に何に資金を使うかは個人の裁量で決まる。参加型開発プロジェクトと銘打って、共同農場などを開設し、所得向上のための新品種作物を共同農場で栽培するプロジェクトが、時として、共同管理・協調行動をうまく引き出せずに破綻した例などに比べると、MCプログラムは個々人の仕事への責任を引き出す仕組みが作られていると言える。

　信用供与に付随する連帯責任を負うグループ強化の訓練も含めて、受益者にはさまざまな社会サービス、職業訓練サービスなどが提供される。その後の返済負担が待っているために、事業を成功させるためのこうしたサービスを受ける態度は、積極的なものにならざるをえないだろう。利益の分配を見越した共同作業へ

の参加に比べて、結果的にMCプログラムは、経済活動、ひいては市場への、個人のより積極的な参加の機会を与えることとなった。

2. マイクロファイナンスを通じた市場への参加のメカニズム

(1) 金融市場への参加

　2000年にマイクロクレジットサミット事務局が世界各地の1065のMFIに対して行った調査では、総顧客数は約2356万人に上る。このうち各国の貧困ラインからみて最貧困層に入る顧客数は1378万人で、その75％が女性である（Microcredit Summit Campaign Secretariat, 2000）。前年度に比べてこの数字は、総顧客数で261万人の増加であり、そのうちの最貧困層は156万人で、顧客増加分の約60％を占めている。このことは、最貧困層の利用できる金融サービス窓口が確実に拡大したことを示している。

　MFの貸付方法の特徴として、グループ貸付であることが、よく取り上げられている。経済理論の面からも、グループプレッシャーの働きをとらえている研究もある（Ghatak, 1999）。グループ貸付の他にも、連続貸付のための返済のインセンティブ、規則的な返済スケジュール、強制貯蓄などの担保にかわる返済を義務づける圧力などが特徴である。これらはそれぞれ、貧困層に、借入機会を利用しやすくしている。

　女性への貸付に焦点がしぼられている点も、MCが入る以前の農村女性の金融機会の少なさと、農村女性の低移動性に依拠している。男性には、MC以外にも金融機会があるため、デフォルトの事例が多くなり、MFI側もデフォルトリスクを回避するために、女性顧客比率が多くなっていった。

(2) 生産物市場への参加

　MCを推進しようとするNGO、MFIの担当者は、成功事例をもってMCの成

果としがちである。一方で、過去の農村金融の破綻事例を経験している農業経済学者などは、その成果については懐疑的な傾向がある。また、マクロ経済学者にとっては、MCはマイナーイシューで、統計データには影響のない問題として扱われる。

　それでは、マイクロクレジットの導入により、ターゲットである貧困層にどのような影響があったのか。これまで、データ制約のため、包括的な調査また確立したインパクトの評価方法というものはできていない。しかし、さまざまな方法での試みはいくつかある。

　インパクトスタディで多く採用されているのが、貧困緩和策としての効果を信用供与プログラムのあるなしで比較する方法である。貧困層の生活がどう変わったか、所得、雇用、労働供給などの影響をミクロデータを使って計量する方法が用いられている。

　金融市場へのアクセスの改善により、貧困層は異時点間流動性制約を緩和できる。それによって消費安定化が図られ、消費水準は向上すると、理論的には考えられる。HulmeとMosleyのグループのサーベイでは、7カ国、12機関のサンプル調査にもとづいて、所得変化・生産性変化の分析をし、それをクロスセクションにまとめている（Hulme & Mosley, 1996: Vol.1）。受益者とコントロールグループの比較による所得変化のパターンをみると、二時点間の所得変化は受益者グループが一様に大きくなっている[6]。貧困ラインとの関連では、所得増加率は貧困ラインから離れるほど大きくなることが報告されている（Hulme & Mosley 1996: p.113, Figure 5.3, p184, Figure 8.1b）。つまり、受益者のうちで貧困層が少ないほど、融資に関連した所得向上率は大きくなり、クレジットスキームは貧困層中位または貧困層上位の所得向上により有効に寄与していることが現れている。これは、クレジットへのアクセスという経済機会が増えることで、貧困層とひとまとめに考えられている階層のなかでも、機会を生かして所得向上を図れる家計とそうでない家計に分化することを示している。

　バングラデシュのグラミン銀行だけに関するスタディでは、Hossain（1988）、Rahman（1991）、Khandkerほか（1995）が、所得変化、雇用の増加などに関し

て傾向を示している。また、バングラデシュの貧困層をターゲットにしたクレジットプログラムの検証として、グラミン銀行、BRAC（Bangladesh Rural Advancement Committee）、BRDB（Bangladesh Rural Development Board）の生産性、雇用に関する調査を家計調査データをもとにまとめている Rarman、Khandker らの研究がある。

インパクトスタディを通じて明らかになった問題が2つある。ひとつは、代替性（fungibility）の問題である。融資の影響による所得上昇なのか、それ以外の要因なのかを明確に分けて考えるのは難しい。融資を受けた同時期に海外からの送金があったり、また豊作の時期にあたったりすれば、所得向上が観察される。また、契約のさいには、資金用途についての審査があるが、何に使われたかをきちんと監視するのは難しい。MCの場合、返済率を維持するためのモニタリングと金融規律を維持する取り決めのなかに、資金の用途が申告通りであったかどうかが重要な要因として入っている。その点がスキームの成功不成功につながるため、資金がいかに使われたかは、常に監視されていなければならないが、グラミン銀行の場合でも申告と違う使途に資金が回っていて、それを行員が見逃している例が多数報告されている（藤田, 1998）。

2つ目は、融資が家計の生産性向上にどのように寄与したかである。全体的にみて、MCは、不定期の収入しか見こめない農業よりも、農業以外の少額でも少しずつ収入を得られるような事業への貸付が多い。融資と農家の生産性についてまとめたサーベイでは、新しい技術をどれだけ取り入れたかを調べており、貧困層のリスク回避型の行動がうきぼりになっている（Hulme & Mosley, 1996: Vol.1, p.94, Table.4.4）。融資によって導入された新技術による生産性向上ではなく、所得変動に備える保険的目的で融資が使われているとすれば、家計の生産性向上には、融資は直接結びついていないことになる。

融資を得ることによるリスクに対する保険的役割に関しては、理論的には所得保険効果が貧困対策に有効であるが、非常時に利用できるような貯蓄スキームを提供しているところは多くない（Hulme & Mosley, 前掲書: p.50, Table.5.3）。実際のローンの用途に関しては、詳しくモニターするスキームは多いが、申請通り

生産目的に使用されず消費目的が多いことは、利用者への詳細なインタビューなどで示されている（Ito, 1997）。つまり、借入資金が、生産目的に使われたか、消費目的に使われたかを正確にモニタリングすることが難しいかぎり、MCによる影響は、たんに流動性制約の緩和による効果として、消費面と所得面の双方から効果を読みとるしかないであろう。

(3) 労働市場への参加

　MCによる借入資金をどのような使途に用いたかという観点から、就業構造の変化が観察できる。バングラデシュの3つのMCプログラムの資金使途を2時点間で比べてみると、MCプログラムでも、融資サービスに特化したグラミン銀行では、農業から非農業部門への使用使途の比率があまり大きくなっていない。これに対して、ビジネストレーニングも合わせて供与する統合的アプローチをとったBRACでは、農業部門から非農業部門へと資金使途が増加していた（中村, 1999）。

　これまでの研究では、全体的にみて家計内の就業機会の拡大による限界的な労働力の活用にはつながるが、融資額が大きくないこと、借入者がリスク回避的なこともあり、投資による著しい生産性の拡大が十分に認められる事例はない。例えば、政府系のMCプログラムであるBRDB RD 12の使途の変化には、男女間での違いが大きく反映されている。メンバーの男女比は1989年の男性64％女性36％から、1994年の男性16.2％女性83.8％と、5年間に女性メンバーが大幅に増えた。融資使途のシェアは、農業部門が1989年の42％から1994年の48％へ増加、非農業部門が46％から39％へ減少と入れかわっている。工業のシェアが増えているのは男性メンバーのなかでの工業部門使途の著しい増加と、女性メンバーのなかでも一定のシェアを保っているからである。小規模商業は男性会員のなかでは高いシェアを保っているが、全体でシェアが減っているのは男性会員の割合が減ったためである。家禽類の大きな増加は女性メンバーの増加によるところが大きい。工業・商業部門であれば、事業規模の拡大状況によっては追加的雇用を生み出す可能性もあるが、家畜類の増加といった副業の拡大では、雇用への影響は

考えにくい。

　実際に、融資の雇用促進効果に関してみれば、これまでのところ、融資によって大きく技術変化する例は少なく、したがって雇用創出効果もあまり大きくないことが報告されている（Hulme & Mosley, 前掲書: pp.102-103）。MCが当初想定したような農村企業家育成にはならないという報告がある。つまり、小口資金を導入しての零細企業の収益性には限界があり、貧困層内部での雇用創出につながることも難しい。農業においては、家族内での仕事を増加するといった、限界的な労働力の利用という点では積極的効果がある。しかし、ダイナミックな雇用創出は、外部からの工業化などに頼るしかないという見方である。

　その他の副次的効果をみた研究では、栄養面での効果、摂取カロリー、安全な水へのアクセス（井戸や浄化剤が確保できるので）、家族内での分配において女性・子どもに関して改善される等の点で、クレジット利用者に良好な結果を示している（Pitt & Khandker, 1996）。このことは、労働力の再生産に関しては、融資が積極的な効果をもっていると考えられる。

　そのほか報告されている傾向としては、農地の有効利用がすすむことである。バングラデシュで観察された例では、資金が土地の耕作権の一時的譲渡に使われ、一種の地代のように利用されて、土地分配政策的効果が期待できると言われている（藤田, 1998）。こうした利用がすすめば、農業部門での労働需要が高まると考えられる。

　また、女性の労働力化という観点では、MCプログラムが貧困女性を積極的にターゲットにしたことは、バングラデシュ女性の経済的・社会的地位向上に貢献していると言える。しかし、貸し付けられた資金をだれのイニシアティブで、どのように使っているかには、女性が自ら選択権をもっている場合はきわめて限定されていることが報告されている[7]。バングラデシュにみられる女性に対する家庭内暴力（Economist, 17 Jan. 1998）をみても、根本的に解決されていない社会の停滞・男性の高失業率といった問題の解決には、女性だけを対象にしたプログラムの拡大だけでは十分でないだろう[8]。

(4) 市場参加度を決める内生的要因

　多くのインパクトサーベイでとられているような、生産性のかわりに農家の所得または家計支出の変化を融資に直接結びつける方法は、いわゆる内生性（endogeneity）の問題を含んでいる。つまり、融資をもらった農家の所得があがった理由は、融資自体よりも融資をもらうことを決めたその農家の積極性、または進歩性の貢献が大きいとする見方である。融資をもらった農家は融資の前から、隠れた生産性をもっていたということである。

　PittとKhandkerは、この内生性の問題を正面から扱って、零細融資の効果を測定した[9]。同論文では、融資の真の効果をはかるために融資をもらった農家ともらわなかった農家、そしてマイクロクレジットプログラムをもつ村ともたない村との違いを、家族の教育水準、家族構成、村のインフラ施設、村内での生活用品と生産用原材料の価格など、観察できる指標とまた他に観察できない包括的な指標を定めて、サンプルサーベイの結果を計量的に分析している[10]。

　ここでの発見は以下の3つである。①バングラデシュでは、融資が男性対象にしろ女性対象にしろ、農家の男児・女児の教育、男性・女性の雇用、家計支出、避妊、出生率と女性の資産蓄積等の指数でみた"行動パターン"が融資によってかなり変化した。②この行動パターンの変化は女性への融資の場合、その影響が8のうち7の行動指数に及ぶが、男性への場合8のうち3指数にしか及ばない。③グラミン銀行による融資が、ほかの零細金融機関からの融資より農家の資産増加、女性の独立・権力確保により重要な役割を果たしている。とくにグラミン銀行融資は女児の教育、女性の雇用、家計総支出に影響が大きい。

　これら指標がひとつひとつ、あるいは総合的に内生的要素をとらえることができるか疑問であるが、この内生的要素を独立・分離して計算しているのは意義がある。そもそもマイクロクレジットの目的は潜在的に生産能力がある零細農家に生産の一要素である資本を提供することにある。その資本の限界生産性が融資を受けた零細農家に高いというのは、この内生的要因にほかならない。言いかえると、この内生的要素を活性化するのがマイクロクレジットの目的であり効果であ

る。

　融資効果を村別の内生的要素を参考にして計算しているなかで興味深いのは、女性への融資の効果が、その農家の家計所得の変化、家族計画への影響などに、男性への融資よりはっきりと現れていることである[11]。同じ村のなかでも、融資効果が男性より女性のほうが大きいという結果は、バングラデシュ農村で女性の家事を妨げない副業的雇用機会が融資によって新しく作られて、その女性向き雇用機会が男性向き雇用機会より所得効果が高いことを意味する[12]。

3. MFの2つの方向
──金融制度アプローチと統合的アプローチ

　スタートアップ時には補助金を使うが、金融機関としての自立を目標とする。同時に、最貧困層にも、金融サービスを届ける。この2つを達成することがMFに期待された役割であった。しかし、現実にはこの2つを同時に実現したMFIはあるのだろうか。

　マードックは、金融面で自立を果たしていると観察されるMFIの平均貸付額は、約430USドルであることを指摘している（Morduch, 1999）。その金額は、通常のMFから考えると、非常に高額なものである。こうした金額を借り入れることができるのは、貧困線付近、あるいは貧困線以上の所得・資産のある階層と考えられる。

　バングラデシュのグラミン銀行、FINCA（Foundation for International Community Assistance）の農村銀行といった、金融的自立を依然達成していないMFIの平均貸付金額は、100USドル足らずで、各国の貧困線からみても、多くの最貧困層を顧客に抱える機関と言える。

　MFIは、近年、大きく2つの方法に分けられるようになった。補助金依存から卒業して金融サービスを持続的に提供するためにも、金融機関としての自立を主眼とする金融制度アプローチをとるものと、貧困削減を第一の目標として金融以外の基礎教育やビジネストレーニングなども提供する統合的アプローチをとるも

のである(13)。

　統合的アプローチのほうが、借り手からみて参加のベネフィットが多いので、会員の定着率が高く、それによって、浸透度が高まると考えられる。しかし、その分、会員は拡大しにくく、非金融サービス部門も含めた組織的自立は難しい。また、最貧困層に多くアクセスを与えるほど、非金融サービスがセットになっていることのメリットとしての、保守的使い道から前進的使い道への移行は遅れるであろう。それは、上位貧困層より、下位貧困層のほうがよりリスク回避的だからである。

　金融制度アプローチをとるMFIには、規模の経済性の働く、つまり貸付営業コストが最小限になる最適顧客数がある。支店当たりの引き受け会員数を、モニタリングが可能なかぎり最大にすれば、貸付営業コストは引き下げられる。モニタリングが不可能なほど大きくなり返済率が損なわれると、今度は逆に規模の不経済が生じる。モニタリングコストの一部は、グループ形成の段階で、借り手自身に振り分けられている。

　2つのアプローチが異なる役割を果たしてこそ、MFによる貧困緩和がすすむ理念的シナリオを描くことができると筆者は考える。まず、貧困層が市場金利の融資機会を得ることで、それまで農村信用市場で独占的利益を得ていたマネーレンダーからの搾取を逃れる(14)。融資資金は、貧困層のリスク選好に応じて保守的な資金使途から徐々に前進的な資金使途へと変化する。前進的な使途による事業拡大、起業によって村の雇用機会も増える。また、親戚・隣人同士で資金を融通し合う分断的な金融市場から脱却し、制度金融市場からの資金を利用できるラインが引かれ、資金需要に見合った融資供給が可能になる。さらにMFのネットワークを貸付だけでなく貯蓄動員ラインに使って、広く底辺層の貯蓄余力を吸い上げ国民経済への組み入れがすすめば、資本形成がすすむ。

　MFI側からみると、貸付の目的は貧困解消であるから、貸付対象は当初は貧困層に限る。しかし、そのなかから事業に成功するものが出てくれば、あるいはリスクを抑えた確実な収益のあがる事業を行えば、所得が向上し貧困状態から卒業する借り手も出てくる。資金の返済も確実に行われるから、MFIも持続的に金融

サービスを提供できる。初めは営業コストの面で援助資金などの補助金に頼らざるをえないとしても、営業コストをカバーするくらいに借入者が増え、規模の経済が働くようになれば、市中銀行並の収益をあげることができ、補助金依存から脱却できる。貧困層を顧客としながらも、商業ベースで採算に合う金融機関が存在可能である、というシナリオが、グラミン銀行をお手本としたMFIのめざすところであった。

　しかし、これは必ずしもひとつの金融機関の仕事として考える必要はない。一口にMFと言ってもアプローチにより提供されるサービスの質は違い、それによって利用者側の影響、当該市場への影響は違ってくるはずである。

　導入時点でのMFは、補助金依存型融資制度のままでいいのではないだろうか。受益者である貧困層が市場への参加を果たし、MFの顧客から卒業することができるのであれば。MFIは、慢性的貧困からの脱出を支援しつつ、市場の競争や対処できないリスクのために一時的貧困に陥った家計が再び市場へ参入するといった事例にも対処できるような金融機関として、持続的に存在していくことが望ましいと考える。そのためには、より効率的・革新的システムの開発により、2つのアプローチを同時達成できる方向へと発展していかなくてはならない。

【註】
(1) これに対し、バルタン＝ルドラの批判は、刈分小作制度と封建的生産様式は、同一視できないものであり、企業家的農民による生産性と利潤の増大の必要性に対応した資本主義的市場関係浸透の一過程であるというものである（絵所、1987: p.40）。
(2) 理論的説明は、三重野（1998）p.76に詳しい。
(3) IRDPの貸付プログラムの詳しい評価に関しては、Dandekar（1993）。
(4) オハイオスクールのなかでも、Gonzalez-Vegaやvon Pischkeは、援助や政府による補助を受けた制度金融の効果を認めている。
(5) MFIのなかには、インドネシアのBRIなどのように初めから国営銀行などのフォーマルな金融機関が運営するものもあれば、バングラデシュのグラミン銀行のように国際機関からのソフトローンを使って出発し、徐々に商業銀行からの資金調達へシフトしていった機関もある。
(6) コントロールグループは、ここでは、ターゲットに入っているが融資をまだ受けていない人、もしくは融資を受けた回数が1、2回の人を指す。Hulme & Mosley, 1996: Vol.1, p.88, Table.4.1参照。
(7) Geotz & Gupta（1996）、Montgomery *et al.*（1996）p.99などで、女性の受け取ったローンは、身内や親戚の男性の仕事のために使われていることが多いと指摘されている。
(8) マイクロクレジットプログラムの多くは、女性が貸付対象としてデフォルトのリスクが低く、まじめに返済してくれる相手であるがゆえに、女性への貸付比率を増やしている面もある。その一方で、BRACが1993年に男性の農民グループへの貸付を止めてしまったように、組織的自立のための極端なリスクを回避すれば、返済責任は女性に残されたまま、近親の男性に資金を使用されるといった事態も観察されている。
(9) 以下の内容は、Pitt & Khandker（1996）による。
(10) 調査対象は、1991～1992年にバングラデシュの87農村から得たサンプル農家（村別平均20.2農家）の戸口調査結果である。87農村のうち15農村には、マイクロクレジット制度がない。また、マイクロクレジット制度のある72農村のうち、いくつかの農村では女性対象の融資しか存在しなかった事実にもとづいて、女性対象の融資の効果を全般的に調べると、村がもつ内生的要素の差が再確認される。同論文では、農家が選んだ融資額を従属変数にとり、農家間の潜在的生産性の差をはかる指標と、その農家が所属する村がもっている生産に必要な環境指標を説明変数にとって、統計的に（ほかの農家にない、またほかの村にない）内生的要素を融資の効果計算から前もって独立・分離させている。

(11) 著者はこの現状を途上国での社会慣習の変化として説明している（Pitt & Khandker, 前掲書: p.42）。
(12) Pitt & Khandker, 前掲書: p.41。しかし、マードックはこの検証結果に疑問を呈している（Morduch, 1999）。
(13) 金融制度アプローチの発展については、Ledgerwood（1999）pp.2-3。
(14) マネーレンダーの搾取性に関しては、絵所（1987）第1章のなかで議論が整理されている。少なくともグラミン銀行のパイロットプロジェクト開始のきっかけは、前述のように、仲買人兼マネーレンダーの搾取的高金利から農村女性を解放することにあった。

【参考文献】

Chowdhury, A.H.M.N. & Marcelia C. Garcia (1993) "Rural Institutional Finance in Bangladesh and Nepal: Review and Agenda for Reforms", *Occasional Papers* Number 3, Asian Development Bank.

Dandekar, V.M. (1993) "Limits of credit, not credit limits", *Economic and political weekly*, Sept. pp.86-95.

Dreze, Jean & Amartya Sen (1995) *India: Economic Development and Social Opportunity*, Oxford University Press, Delhi.

Ghatak, Maitreesh (1999) "Group Lending, Local Information and Peer Selection", *Journal of Development Economics*, 60(1), pp.27-50.

Goetz, A.M. & R.S. Gupta (1996) "Who takes the credit? Gender, power and control over loan use in rural credit programmes in Bangladesh", *World Development*, Vol.24, No.1, pp.45-63.

Hoff, Karla & Joseph E.Stiglitz (1993) "Imperfect Information and Rural Credit Markets: Puzzles and Policy Perspectives", in Hoff, A.Braverman & Stiglitz [eds.] *The Economics of Rural Organization: Theory, Practice, and Policy*, World Bank, Washington, D.C.

Hossain, Mahabub (1988) "Credit for alleviation of rural poverty: the Grameen Bank in Bangladesh", *Research report* no.65, International Food Policy Research Institute, Washington, D.C.

Hulme, David & Paul Mosley [eds.] (1996) *Finance Against Poverty*, Routledge, London.

Ito, Sanae (1997) "The Grameen Bank and Poverty Reduction", Work-in-Progress Seminar at IDS, mimeo.

Khandker, Shahidur R., Baqui Khalily & Zahed Khan (1995) "Grameen Bank: Performance and Sustainability", *World Bank Discussion Paper* No.306. Washington, D.C.

Khandker, S.R. & O.H.Chawdbury (1996) "Targeted Credit Programs and Rural Poverty in Bangladesh", *World Bank Discussion Paper* no.336, The World Bank, Washington D.C.

Khandker, Shahidur R. & Baqui Khalily (1996) "The Bangladesh Rural Advancement Committee's Credit Programs: Performance and Sustainability", *World Bank Discussion Paper* no.324, The World Bank, Washington D.C.

Krahnen, Jan Pieter & Reinhard H. Schmidt (1994) Development Finance as Institution Building-A New Approach to Poverty-Oriented Banking, ILO.

Ledgerwood, Joanna (1999) Microfinance Handbook-An Institutional and Financial

Perspective, The World Bank, Washington D.C.
Lovell, Catherine H. (1992) "Breaking the Cycle of Poverty: The BRAC Strategy", University Press Limited, Dhaka, McKernan, Signe-Mary, *The Impact of Micro-Credit Programs on Self-Employment Profits: Do Non-Credit Program Aspects Matter?* August, 1998 Mimeo, Federal Trade Commission, Washington D.C.
Microcredit Summit Campaign Secretariat (2000) "Empowering Women with Microcredit-2000 Microcredit Summit Campaign Report", Microcredit summit website.
Montgomery, Rechard, Debapriya Bhattacharya & David Hulme (1996) "Credit for the Poor in Bangladesh: The BRAC Rural Development Programme and the Government Thana Resource Development and Employment Programme", in Hulme & Mosley (1996), Vol.2.
Montiel, Peter J., Pierre-Richard Agenor & Nadeem Ul Haque (1993) *Informal Financial Markets in Developing Countries*, Blackwell, Oxford.
Morduch, Jonathan (1998) "The Microfinance Schism", Mimeo, HIID, Harvard University, Cambridge.
—— (1999) "The Microfinance Promise", *Journal of Economic Literature*, Vol.37, pp.1569-1614.
Pitt, Mark M. & Shahidur R. Khandker (1996) "Household and Intrahousehold Impact of the Grameen Bank and Similar Targeted Credit Programs in Bangladesh", *World Bank Discussion Paper* no.320, The World Bank, Washington D.C.
Rahman, Rushidan Ⅰ (1991) "Poor women's access to economic gain from Grameen Bank Loans", *Working paper* No.91, National Centre for Development Studies, Australian National University, Canberra.
Todd, Helen (1996) *Women at the Center: Grameen Bank Borrowers After One Decade*, Westview Press.

絵所秀紀 (1987)「発展途上国非制度的農村信用市場論——インド金融構造論へ向けての序説」『現代インド経済研究』法政大学出版局
絵所秀紀 (1997)『開発の政治経済学』日本評論社
勝間 靖 (1998)「低所得者を対象とした金融機関の発展による零細企業育成と貧困緩和——アプローチをめぐる争点の整理」『国際協力研究』Vol.14 No.1
黒崎 卓 (1998)「貧困とリスク——ミクロ経済学的視点」絵所秀紀・山崎幸治編『開発と貧困——貧困の経済分析に向けて』アジア経済研究所
中村まり (1998)「岐路に立つマイクロクレジット・キャンペーン」『アジ研ワールド・

トレンド』第40号、日本貿易振興会アジア経済研究所
中村まり（1999）「バングラデシュにおけるマイクロクレジット政策の理念と現実」『アジア経済』Vol.40、No.9-10、日本貿易振興会アジア経済研究所
原洋之介（1993）「農業発展論の反新古典学派的視座を求めて」米倉等編『不完全市場下のアジア農村』アジア経済研究所
藤田幸一（1993）『バングラデシュ農業発展論序説――技術選択に及ぼす農業構造の影響を中心に』農業総合研究所研究
藤田幸一（1998）「農村開発におけるマイクロ・クレジットと小規模のインフラ整備」佐藤寛編『バングラデシュと開発援助』アジア経済研究所
三重野文晴（1998）「途上国農村における在来金融の問題」黒田英信・黒柳雅明編著『入門開発金融』第6章、日本評論社
ムハマド・ユヌス＆アラン・ジョリ著、猪熊弘子訳（1998）『ムハマド・ユヌス自伝』早川書房
渡辺龍也（1997）『「南」からの国際協力』岩波ブックレット No.424

付記：本稿は、もともと愛知大学経済学会の紀要（『経済論集』第155号）に掲載されたものであるが、本書への再掲にあたって、若干の字句修正を行った。

編者あとがき

　国際援助・協力に関する議論のなかで、貧困削減や環境保全に加えて、近年、社会や防災といった概念が重視されるようになっている。社会ということに関しては、ソーシャル・キャピタル、さらにはコミュニティや地域社会の重要性が提起されるようになってきている。近代的市民は個人主義によって特徴づけられるが、個人主義はともすれば個別主義、私人主義に堕し、生活の「場」にかかわりそれに根ざした活動を軽視する傾向を生み出してきた。貧困も社会から切り離された個人の問題としてのみ扱われ、貧困を生み出さない社会とは何かとの問題意識が欠落しがちであった。これに対して、社会への視点回帰は、市民よりは住民、あるいは「住民化した市民」をキーワードとして貧困問題を考えることの重要性、個人という「点」ではなく、社会という「面」の問題として貧困問題を考察することの重要性を提起していると理解できる。もっとも、回帰とは言っても、従来型の、社会の内側だけに眼を向けたしばしば社会への全人格的コミットメントを重視した社会論を超えた議論が必要であろう。

　他方、防災への配慮の高まりは、開発がいかに防災を考慮に入れずにすすめられてきたのかを物語っていると言える。昨年末のスマトラ沖巨大地震にともなう惨劇は、大変不幸にも、突発的要因による大規模な貧困化を示すものとなった。貧困イッシューを扱うさいのリスクのスペクトラム、とりわけ時間軸を入れた枠組みへの考慮の重要性を改めて提起したと言える。

　さて、ここにきて、ようやく平面と時間という2つの軸において貧困問題を考察し、そしてそれを解決するための方策を考えるということが始まったということを、これまでの貧困緩和・解消論との関係においてどのように意味づけたらよいのか。端的に言えば、従来の議論が貧困者・層にとって現実的に意味をもつものでは決してなかったということであろう。貧困の実態とはかけ離れたところで貧困が問題化され、そして、それにもとづいた対策に当事者がふり回されてきたというのが永く続いた実情ではなかったか。そして、なぜそうなのかという点に

ついて言えば、貧困イッシューがそれ自体として考察されるというよりは政治争点化を余儀なくされ、政治的に歪められたかたちで議論されてきたということであろう。

　まえがきでも述べたように、本書出版のきっかけとなった共同研究の出発点は、まさにこのことであった。その裏づけ、実証にどこまで成功しているのかについては、読者の諸賢に判断をゆだねたいと思う。最後に、厳しい出版情勢が続くなかで、本書の出版を可能にしていただいた築地書館の土井二郎社長、および編集担当の橋本ひとみさんに深甚なる感謝を申し述べたい。

2005年2月7日

編者

著者略歴（五十音順）

河辺一郎（かわべ・いちろう）
1960年生まれ。東京都立大学人文学部史学科卒業。新聞資料センター主宰をへて、現在、愛知大学現代中国学部助教授。
主な著書に、『国連と日本』（岩波書店、1994年）、『常任理事国入り』（岩波書店、1994年）、『日本外交と外務省』（高文研、2002年）、『国連政策』（日本経済評論社、2004年）などがある。

佐藤元彦（さとう・もとひこ）（編者）
1958年生まれ。慶應義塾大学経済学部卒業。広島大学大学院社会科学研究科博士課程単位取得退学。特殊法人日本学術振興会特別研究員（PD）、愛知大学経済学部専任講師、助教授などをへて、現在、同教授。
主な著書に、『第四世代工業化の政治経済学』（新評論、1998年）、『アジアNIEs』（世界思想社、1994年）、『財政支援型国際協力』（学陽書房、1993年）、『近代に生きる（講座オセアニア③）』（東京大学出版会、1993年）（いずれも共著）、『脱貧困のための国際開発論』（築地書館、2002年）。

武田圭太（たけだ・けいた）
1958年生まれ。慶應義塾大学大学院社会学研究科修了。産業・組織心理学、社会心理学、生涯キャリア発達論専攻。日本労働研究機構（前 雇用職業総合研究所）主任研究員補佐をへて、現在、愛知大学文学部社会学科助教授。
主な著書に、『生涯キャリア発達――職業生涯の転機と移行の連鎖』（日本労働研究機構、1993年）、「母親が働くことに影響される子どもの共感」（『産業・組織心理学研究』14(2), 79-95, 2001年）、『増補改訂版 産業・組織心理学エッセンシャルズ』（分担執筆、ナカニシヤ出版、2004年）などがある。

中村まり（なかむら・まり）
1964年生まれ。愛知大学経済学部2部卒業。神戸大学大学院国際協力研究科経済学修士。1997年日本貿易振興機構アジア経済研究所入所。研究所広報部、開発研究部研究員などをへて、現在、新領域研究センター、貧困削減・社会開発研究グループ研究員。
主な著作に、「世界最大のMF市場・インドの取り組み」（『アジ研ワールド・トレンド』第106号、2004年）、「バングラデシュにみる小口金融機関と新しい産業発展の方向性」（関満博編『アジアの産業集積――その発展過程と構造』アジア経済研究所、2001年）、「バングラデシュにおけるマイクロクレジット政策の理念と現実」（『アジア経済』第40巻、第9・10号、1999年）。

原田太津男（はらだ・たつお）
1964年生まれ。大阪市立大学経済学研究科後期博士課程単位取得退学。1995年より中部大学国際関係学部専任講師、現在、同助教授。
主な著書に、「複合的グローバル化：競争国家とリスク社会の成立」（峯・畑中編『憎悪から和解へ』京都大学学術出版会、2000年）、「キャッチアップ型工業化の限界――グローバル商品連鎖の視点から」（愛知大学東アジア研究会編『シュムペーターと東アジア経済のダイナミズム――理論と実証』創土社、2002年）、共訳書にI.ウォーラーステイン『脱＝社会科学』（藤原書店、1993年）、S.サッセン『グローバル空間の政治経済学』（岩波書店、2004年）などがある。

貧困緩和・解消の国際政治経済学

2005年3月31日　初版発行

編者　　　　　佐藤元彦
発行者　　　　土井二郎
発行所　　　　築地書館株式会社
　　　　　　　東京都中央区築地7-4-4-201　〒104-0045
　　　　　　　TEL 03-3542-3731　FAX 03-3541-5799
　　　　　　　http://www.tsukiji-shokan.co.jp/
　　　　　　　振替00110-5-19057
印刷・製本　　株式会社シナノ
装丁　　　　　今東淳雄（maro design）

Ⓒ Motohiko Sato 2005　Printed in Japan
ISBN4-8067-1305-8 C0036

本書の全部または一部を無断で複写複製（コピー）することを禁じます。

開発・環境の本

《価格・刷数は2005年3月現在》

脱貧困のための国際開発論
佐藤元彦[著]　3000円＋税

マイクロファイナンス、ソーシャルキャピタル、公共行動、社会的セーフティネット……貧困とは無縁の人々によって展開された「所得貧困」撲滅のための国際開発論の行き詰まりを受けて、気鋭の論客が提示する「社会」復権に基づく脱「人間貧困」論。

被害住民が問う開発援助の責任
インスペクションと異議申し立て
松本悟[編]　3000円＋税

世界銀行、アジア開発銀行、国際協力銀行のインスペクション制度についての画期的リポート。ODA、経済協力で引き起こされる環境・社会問題解決メカニズムを 南北アメリカ、アジア各国の共同研究で提言。

開発フィールドワーカー
野田直人[著]　1800円＋税

日本最大の開発メーリングリストの主宰者が、フィールドワーカーとしての豊富な経験をもとに書き下ろした。◉国際開発ジャーナル評＝問題や矛盾の核心に迫り、開発ワーカーが持つべき多くの視座を与えてくれる。多くの学生、現場のワーカーに一読をお勧めしたい。

アマゾンの畑で採れるメルセデス・ベンツ
［環境ビジネス＋社会開発］最前線
泊みゆき＋原後雄太[著]　◉3刷　1500円＋税

ドイツの自動車メーカーと南米アマゾンの僻村が対等なパートナーシップを結んだ……企業戦略と持続可能な社会開発・熱帯林再生の幸福な両立。社会開発プロジェクトの成功例を克明に描き出す。

詳しい内容はホームページを。http://www.tsukiji-shokan.co.jp/

開発・環境の本

《価格・刷数は2005年3月現在》

砂漠のキャデラック
アメリカの水資源開発
マーク・ライスナー[著]　片岡夏実[訳]　6000円＋税

「『沈黙の春』以来、もっとも影響力のある環境問題の本」(サンフランシスコ・エグザミナー)など、各紙誌で絶讃されたベストセラー。アメリカの公共事業の100年におよぶ構造的問題を暴き、政策を大転換させた本。

開発プロジェクトの評価
公共事業の経済・社会分析手法
松野正＋矢口哲雄[著]　2400円＋税

要る公共事業、要らない公共事業を選別する。政府、自治体の行財政改革に求められる、国内外の公共事業の評価。その手法を理論・実践の両面からズバリ解説する。豊かな実務経験に基づいて書かれた待望の書。

公共事業と環境の価値
CVMガイドブック
栗山浩一[著]　●4刷　2300円＋税

環境の経済評価の一手法としてアメリカで開発された「CVM」。この手法を、公共事業など日本独自の問題を視野に入れて、より客観的な評価ができるようにわかりやすく解説したガイドブック。

メコン河開発
21世紀の開発援助
松本悟[著]　2900円＋税

世銀やアジア開発銀行、日本政府の動きを紹介しながら、21世紀の開発援助を考える試金石としてメコン河開発の現状を分析。「持続可能な開発」実現のための条件を、現地でのNGO活動と資料を駆使して浮き彫りにする。

メールマガジン「築地書館Book News」申込はhttp://www.tsukiji-shokan.co.jp/で

開発・環境の本

《価格・刷数は2005年3月現在》

環境税
税財政改革と持続可能な福祉社会
足立治郎[著]　2400円＋税

税財政改革のなかで注目される環境税・炭素税・温暖化対策税。税金の集め方と使い方のしくみを、NGO（市民）が提案し、実施を監視する。公正で効果的な税制度のあり方を検討し、実現のための道筋を示した書。

自然エネルギー市場
新しいエネルギー社会のすがた
飯田哲也[編]　2800円＋税

風力、太陽光、バイオマスなどの再生可能な自然エネルギーが、石油に代わり、世界の産業界を変えつつある！　今後、日本でも「本流化」していく自然エネルギーの全貌と最前線がわかる。

疾れ！　電気自動車
電気自動車EV vs 燃料電池車FCV
船瀬俊介[著]　2000円＋税

家庭用コンセントでチャージOK。時速370キロ、高速充電15分でスタート！　排ガス、爆騒音……ゼロ。EV化でCO_2、25％削減可能。温暖化の破局を救う、脱石油、エネルギー革命のキリフダ、登場！

緑のダム
森林・河川・水循環・防災
蔵治光一郎＋保屋野初子[編]　2600円＋税

台風のあいつぐ来襲で、ますます注目される森林の保水力。これまで情緒的に語られてきた「緑のダム」について、第一線の研究者、ジャーナリスト、行政担当者、住民などが、さまざまな角度から論じた本。

総合図書目録進呈いたします。ご請求はTEL 03-3542-3731　FAX 03-3541-5799まで。